DISCIPLINA

Como Ganhar Autoconfiança E Força De Vontade
Para Alcançar Todos Os Seus Objetivos E
Motivação

(Como Atingir seus Objetivos)

Jose Stam

Traduzido por Daniel Heath

Jose Stam

Autodisciplina: Como Ganhar Autoconfiança E Força De Vontade Para Alcançar Todos Os Seus Objetivos E Motivação (Como Atingir seus Objetivos)

ISBN 978-1-989837-89-4

Termos e Condições

De modo nenhum é permitido reproduzir, duplicar ou até mesmo transmitir qualquer parte deste documento em meios eletrônicos ou impressos. A gravação desta publicação é estritamente proibida e qualquer armazenamento deste documento não é permitido, a menos que haja permissão por escrito do editor. Todos os direitos são reservados.

As informações fornecidas neste documento são declaradas verdadeiras e consistentes, na medida em que qualquer responsabilidade, em termos de desatenção ou de outra forma, por qualquer uso ou abuso de quaisquer políticas, processos ou instruções contidas, é de responsabilidade exclusiva e pessoal do leitor destinatário. Sob nenhuma circunstância qualquer, responsabilidade legal ou culpa será imposta ao editor por qualquer reparação, dano ou perda monetária devida às informações aqui contidas, direta ou indiretamente. Os respectivos autores são proprietários de todos os direitos autorais não detidos pelo editor.

Aviso Legal:
Este livro é protegido por direitos autorais. Ele é designado exclusivamente para uso pessoal. Você não pode alterar, distribuir, vender, usar, citar ou parafrasear qualquer parte ou o conteúdo deste ebook sem o consentimento do autor ou proprietário dos direitos autorais. Ações legais poderão ser tomadas caso isso seja violado.

Termos de Responsabilidade:
Observe também que as informações contidas neste documento são apenas para fins educacionais e de entretenimento. Todo esforço foi feito para fornecer informações completas precisas, atualizadas e confiáveis. Nenhuma garantia de qualquer tipo é expressa ou mesmo implícita. Os leitores reconhecem que o autor não está envolvido na prestação de aconselhamento jurídico, financeiro, médico ou profissional.

Ao ler este documento, o leitor concorda que sob nenhuma circunstância somos responsáveis por quaisquer perdas, diretas ou indiretas, que venham a ocorrer como resultado do uso de informações contidas neste documento, incluindo, mas não limitado a, erros, omissões, ou imprecisões.

Índice

Parte 1 1

Introdução 2

Capítulo 1: A Autodisciplina É Um Presente 4

Capítulo 2: Acorde Cedo Com Gratidão 9

Capítulo 3: Defina Seus Objetivos 13

Capítulo 4: Seja Organizado 19

Capítulo 5: Praticar O Autocuidado 24

Capítulo 6: Refletir. Aprender. Aja 28

Capítulo 7: Relaxe E Recompense-Se 33

Conclusão 36

Parte 2 38

Introdução 39

Benefícios Da Autodisciplina 39

Desenvolvendo Autodisciplina 46

Autodisciplina E O Crescimento Pessoal 53

Autodisciplina E O Sucesso Profissional 58

Estabelecendo Regras Básicas Para O Autocontrole 64

Dicas Para O Autocontrole 68

O Que Te Guia? Motivando A Si Mesmo 78

Acabando Com Os Mitos Da Motivação 82

ALGUMAS PESSOAS NASCEM COM ISSO 83
VOCÊ PRECISA SE MANTER POSITIVO, SEMPRE. 84
É IMPORTANTE TER MOTIVAÇÃO ANTES DE AGIR 85

É Importante Ficar Motivado Todo O Tempo 85
Os Preguiçosos Não Têm Motivação 86
Eu Tentei, Mas Não Deu Certo 87

Dicas Pare Ter Um Estilo De Vida Motivado 88

Abordagem Realista... 89
Acredite Que Você Pode 89
Fique Com A Positividade, E Conviva Com Pessoas Positivas.. 90
Mantenha Uma Percepção Positiva 91
Aprenda Com As Experiências Ruins 92
Aprenda A Soltar 92
Grande Sonho, Grande Vitória 93

Como Resistir À Tentação Na Sua Vida Diária 94

Distraia-Se... 95
Atenha-Se Aos Seus Planos 96
Fique Ocupado 96
Fale Consigo Mesmo 97

Conclusão 98

Parte 1

Introdução

Parabéns por baixar o livro.
Este livro contém seis etapas simples e realistas sobre como se disciplinar.
Este livro apresenta informações essenciais porque a disciplina é uma necessidade em sua vida. Cada capítulo explica instruções passo a passo sobre como desenvolver diferentes habilidades necessárias para alcançar a autodisciplina.
Os seis passos mencionados neste livro são todos atingíveis e diretos. Ao se dedicar a seguir os níveis, há uma chance maior de você se tornar uma pessoa disciplinada que está querendo. As dicas são benéficas para sua melhoria de vida e excelência pessoal. Tudo que você precisa é de um compromisso para realizar todas as estratégias apresentadas no livro.
Este livro de autoajuda é uma leitura obrigatória. Se você quer realizar mais, viver uma vida mais feliz e se transformar em uma pessoa melhor, então este livro é para você.

Obrigado novamente por baixar.
Espero que você goste. Leitura feliz!

Capítulo 1: A autodisciplina é um presente

Você se sente inútil? Você não tem o poder interior para fazer as coisas que você precisa fazer? Você foge das dificuldades e responsabilidades? Se sua resposta for sim, você precisa desse aspeto valioso da vida: AUTO-DISCIPLINA.

A autodisciplina é definida de várias maneiras.

Olhando para as definições, podemos dizer que a autodisciplina é um dos ingredientes mais críticos de uma vida intencional. Todos nós precisamos disso para alcançar o sucesso e a realização.

Neste mundo cheio de tentações, somos rapidamente persuadidos a afastar-nos de nossos objetivos na vida. Em vez de acordar cedo, costumamos pegar nossos telefones e passar mais tempo nas redes sociais. Em vez de comer alimentos saudáveis e nutritivos, cedemos à fome e ao desejo de comer em nossos restaurantes favoritos de fast food. Em vez de terminar nossas tarefas antes do prazo final, priorizamos mais essas atividades sem importância.

A autodisciplina é uma questão de autocontrole. É gerir a sua vida para fazer coisas que precisam ser feitas em vez de fazer as coisas que você quer. Claro, todos nós desejamos viver uma vida confortável. Queremos facilitar as coisas. Mas a vida não é assim. Precisamos nos sacrificar para conseguir algo que valha a pena. E isso só é possível se tivermos autodisciplina. A autodisciplina envolve temperança, paciência e determinação. Pode ser um desafio ser uma pessoa disciplinada, mas se você começar agora e começar certo, certamente terá uma vida mais recompensadora.

Por que a autodisciplina é essencial? Aqui estão os benefícios de se tornar uma pessoa disciplinada:

Você pode realizar seus objetivos no prazo. Quando você atingir seus objetivos, sua autoestima também irá subir de nível. Isso vai motivá-lo a definir mais metas para si mesmo no futuro. Quando você atinge mais metas com sucesso, você se torna mais confiante e realizado.

Você terá uma vida mais focada. Se você tem autodisciplina, está ansioso para alcançar seus objetivos, o que significa que você tem um senso de direção. Então, não importa o quão fortes sejam as tentações, você sabe como evitá-las, então você ainda pode manter seus planos e prazos.

Você terá uma vida mais saudável. Se você sabe se disciplinar comendo alimentos saudáveis e nutritivos, exercitando-se regularmente, dormindo nas horas certas, tomando a medicação na hora certa e visitando seu médico regularmente, então é possível ter uma vida saudável.

Você se torna mais produtivo. Se você se ativer à sua agenda e administrar bem o seu tempo, poderá realizar muito. Você pode fazer mais com seu tempo extra para suas outras necessidades pessoais e hobbies. Quanto mais produtivo você for, mais valerá a sua vida.

Você vai ganhar respeito. Se você é uma pessoa disciplinada, assume suas responsabilidades com comprometimento e dedicação. Você pode realizar tarefas dadas a você pelo prazo determinado. Você pode realizar suas funções de forma eficaz e eficiente. As pessoas vão apreciar a sua ética de trabalho, dando-lhe o respeito que você merece. Você terá uma disposição mais feliz. As pessoas disciplinadas realizam mais, o que faz com que se sintam bem consigo mesmas. Quando você se sentir bem consigo mesmo, tudo se seguirá. Você valoriza a si mesmo e suas habilidades. Você se torna mais seguro sobre o que pode alcançar, tornando-se mais satisfeito com a vida. Se você está feliz com sua vida, você cria uma aura positiva que pode influenciar significativamente as pessoas ao seu redor.

A autodisciplina é um dom. Se você tem agora, sustente e continue a influenciar outras pessoas. Mas se você acha que ainda precisa melhorar sua disciplina, então não é tarde demais. Existem maneiras comprovadas de como desenvolver autodisciplina. Aqui estão seis

passos simples que serão discutidos em detalhes nos próximos capítulos.
1. Acorde cedo com gratidão.
2. Defina seus objetivos.
3. Seja organizado.
4. Pratique o autocuidado.
5. Reflita, aprenda e aja.
6. Relaxe e recompense-se.

Não faça mais desculpas. Tempo é ouro. Desenvolva sua autodisciplina agora. Apenas acredite no que você pode fazer. Confie em si mesmo. Valorize sua vida. Lembre-se, você está aqui para um propósito. Você é digno de viver.

Capítulo 2: Acorde cedo com gratidão

O primeiro passo para alcançar uma vida mais disciplinada é começar bem o seu dia. Você pode chegar a um dia mais brilhante e feliz ao acordar cedo com gratidão em seu coração. Isso pode ser um hábito difícil de aprender no começo, mas gradualmente você pode fazê-lo e se tornará a rotina desejada.

Acordar cedo tem muitos benefícios de acordo com a pesquisa. Estudos mostram que os madrugadores são mais bem-sucedidos porque podem realizar mais e estão preparados mental e emocionalmente para superar os desafios do dia.

Quando você acorda cedo, fica menos estressado porque se sente mais relaxado, pois não luta pela correria da manhã.

Outro benefício de acordar é a produtividade. Nosso corpo tem mais energia para trabalhar no início da manhã, e isso nos permite concluir nossas tarefas com eficiência.

Acordar cedo também lhe dá tempo para meditar e ser grato pelas coisas que você tem. Alguns minutos de gratidão ao acordar podem tornar seu dia mais brilhante e feliz.

Agora que você percebeu os benefícios de acordar cedo com gratidão, é hora de desenvolver o hábito. Siga estes passos simples e surpreenda-se com a transformação da sua visão na vida:

Prepare o que você precisa para o dia seguinte na noite anterior. Pendure as roupas que você vai usar. Coloque em ordem todas as coisas que você trará para o trabalho. Planeje o que você vai comer no café da manhã. Preparar-se com antecedência pode ser uma tarefa simples, mas pode afetar significativamente o que você pode realizar no dia seguinte.

Dormir cedo. Para você obter a quantidade certa de horas de sono, você tem que definir a hora de dormir por 7-8 horas. Se o seu objetivo é acordar às 6:00 da manhã, então você precisa ir para a cama antes das 22:00. Não se esqueça de colocar o alarme fora do seu alcance para que você não fique tentado a desligá-lo e voltar para a cama quando soar.

Se você estiver na cama, desligue seus telefones celulares e outros dispositivos, respire fundo, feche os olhos e pense nos seus planos para o dia seguinte e identifique quais deles o entusiasmam. Isso pode ser uma nova rotina de exercícios, uma reunião com colegas, um encontro com um amigo e muito mais. Essa coisa excitante pode motivá-lo a acordar cedo e pode ser uma boa razão para ser grato por estar vivo.

Ao acordar, dedique cinco minutos para meditar, orar e fazer o exercício de gratidão. Seja grato por pequenas coisas, como uma intensa conversa com um amigo, um abraço de sua esposa, uma flor recém-florescida em seu jardim e muito mais. Este exercício terá um impacto significativo no seu dia e nos próximos dias da sua vida. Expressar gratidão emana positividade, então faça isso todos os dias e bênçãos virão em sua direção.

Para pessoas noturnas, dormir cedo pode ser um desafio significativo. Mas não se sobrecarregue. Você pode começar com um objetivo alcançável na primeira semana. Por exemplo, você pode acordar às 6h30 da primeira semana. Em seguida, altere para 6:00 da manhã uma semana depois e 5:30 da manhã para a terceira semana.

Faça um passo de cada vez. Acordar cedo, sem dúvida, se transformará em uma rotina. Você ficará surpreso que seu padrão de relógio do corpo mudou para melhor e você se tornou uma pessoa matutina produtiva.

Pode ser uma luta no começo, mas se você levar a sério sua intenção de se disciplinar, está tudo em mente. Programe seu subconsciente de que precisa dormir cedo para sentir-se descansado e revigorado ao acordar. Lembre-se, você ainda tem um longo dia pela frente. Ao dormir logo e acordar cedo, você se sentirá mais energizado e pronto para começar antes de todo mundo.

Capítulo 3: Defina seus objetivos

Parabéns por acordar cedo! Agora que você atropelou o primeiro passo, é hora de passar para o próximo passo. Isso é muito simples, mas muitas vezes negligenciamos fazer isso - para definir nossas metas.

Existem dois tipos de metas - metas de longo prazo e metas de curto prazo. Metas de longo prazo são metas maiores que podem afetar significativamente nossas vidas. Exemplos destes são sua carreira desejada, sua casa de sonho, habilidades que você quer aprender, etc. Objetivos de curto prazo requerem atenção imediata. Estes são os objetivos que você pode alcançar em um dia. Exemplos são visitar um museu, fazer exercícios de ioga, cozinhar uma receita nova e muito mais. Às vezes, suas metas de longo prazo são metas de curto prazo acumuladas, de forma que quanto mais bem-sucedido você for ao atingir suas metas de curto prazo, mais significativa será sua chance de atingir suas metas de longo prazo.

Como definir metas de longo prazo e de curto prazo afetam nossa autodisciplina?

Nossos objetivos nos dão algo para nos concentrarmos. Por causa de nossos objetivos, nos motivamos a estudar, trabalhar e viver. Nossas metas atuam como a linha de chegada da estrada que queremos percorrer. Enquanto não tivermos alcançado a linha de chegada, continuamos nos movendo, e é aí que entra a autodisciplina.

Autodisciplina e alcançar nossos objetivos trabalham de mãos dadas. Se não temos metas, não nos esforçamos para trabalhar mais. Se não tivermos disciplina, não poderíamos alcançar nossos objetivos. Portanto, esses dois devem trabalhar juntos para aumentarmos nossa probabilidade de alcançar o sucesso.

Como definimos nossas metas? Em 1981, George T. Doran deu um acrônimo muito interessante para a técnica de definição de metas. Ele pode ter usado isso para administração e negócios, mas seus procedimentos também são aplicáveis na vida. Ele chamou isso de SMART:

S - Específico
M - Mensurável

A - Atingível
R - Relevante
T - Limite de tempo
Vamos discutir o método SMART e descobrir como ele pode ajudar.
Melhorando nossa autodisciplina.
Os objetivos devem ser específicos. Faça esta pergunta: O que eu quero exatamente alcançar? Lembre-se de que incluímos a palavra exatamente, o que significa que não definimos apenas metas ambíguas. Por exemplo, seu objetivo é ser rico. Mas quão rico? E quando você quer ser rico? Para torná-lo mais específico, reformule-o para: Quando eu chegar aos 40 anos, meu objetivo é ter uma economia de US $ 1 milhão em minha conta bancária. Tendo esse objetivo, você será lembrado de trabalhar duro e economizar o máximo que puder. Você será mais disciplinado em seus empreendimentos financeiros. Você evitará tentações de gastar porque tem como objetivo economizar dinheiro.
Os objetivos devem ser mensuráveis. Deve haver evidência de que você está

lentamente alcançando seus objetivos - algo concreto e quantificável. Em nosso exemplo anterior, você pode dividi-lo em metas de curto prazo, como ter uma economia mensal de US $ 5.000 ou US $ 60.000 em um ano. Ao tornar seu objetivo mensurável, você se torna mais motivado toda vez que vê progresso em sua definição de metas. Quanto mais motivado você é, mais disciplinado você se torna.

Os objetivos devem ser atingíveis. Novamente, pergunte a si mesmo: eu tenho tempo, recursos e talentos suficientes para atingir meu objetivo? Se sua resposta for não, então volte para S e torne sua meta específica o suficiente para que você a alcance. Portanto, se seu objetivo é economizar US $ 1 milhão aos 40 anos, avalie a si mesmo. São dez anos suficientes para alcançá-lo? Minha renda é suficiente para minhas despesas e economias? Eu tenho os meios para ganhar mais? Se você acha que pode fazer isso, então vá em frente. Mas se você continuar fazendo metas além do seu alcance, você se sentirá desapontado, frustrado e deprimido. Isso afetará sua autodisciplina. Você vai se sentir desinteressado mais para alcançar mais objetivos na vida. Por isso, priorize os objetivos que podem ser realizados. O processo pode ser lento e desafiador, mas se você é disciplinado e focado, pode conseguir o que deseja.

Os objetivos devem ser relevantes. Seu objetivo é importante para você, sua família e a comunidade? Não poderíamos apenas criar propósitos que não valem a pena. Isso deve ser importante para você. Isso deve fazer você feliz e realizado. Então, uma economia de $ 1 milhão é significativa quando você tem 40 anos? Isso tornará sua vida mais confortável ou miserável? É você quem pode decidir. Se você acha que seu objetivo é relevante, então você procurará maneiras de alcançá-lo. Você se torna mais disciplinado ao priorizar coisas que o ajudarão a atingir suas metas, como aderir ao seu plano financeiro e obter mais investimentos.

Os objetivos devem ser limitados no tempo. Defina um prazo para suas metas, sejam elas de curto ou longo prazo. Certifique-se de definir um prazo flexível e um cronograma realista. As datas-alvo geralmente servem como combustível para continuarmos em movimento. Uma vez que tenhamos os períodos, somos mais estimulados a realizar as tarefas em direção ao nosso objetivo. Nossa autodisciplina se torna um ingrediente vital para manter o combustível fluindo.

A configuração de metas é exigente, mas estimulante. Contanto que você tenha a disciplina diária, alcançar seus objetivos torna-se uma experiência mais positiva e gratificante.

Capítulo 4: Seja Organizado

Depois de definir suas metas SMART, nosso próximo passo para alcançar a autodisciplina é se manter organizado.

Ser organizado na escola, no trabalho e na vida é um hábito gratificante. Indivíduos autodisciplinados são sistemáticos. Eles criam planos e aderem à rotina, por isso são mais bem-sucedidos porque focalizam e não cedem às tentações.

Com todas as exigências em casa, no trabalho e na vida, é difícil administrar nosso tempo. É por isso que precisamos colocar nossas vidas em ordem.

Aqui estão algumas dicas úteis para tornar sua vida mais organizada:

Plano. Quando você planeja, você cria um roteiro. Se você definiu suas metas, precisará identificar quais são as tarefas a serem realizadas para atingir suas metas. O planejamento envolve listar os pequenos trabalhos e a linha do tempo. É nesse estágio que você delineia seus objetivos e identifica as possíveis ações a serem feitas. Quando as atividades são planejadas, você se torna mais preparado. Isso lhe dará a confiança necessária para superar os problemas que possam surgir ao longo do caminho.

Escrever. Mantenha um caderno para registrar seus planos, ações, cronograma, etc. É seguro escrever tudo ao invés de confiar em nossa memória. Seu diário é uma ferramenta essencial para documentar o que você deseja realizar quando terminar suas tarefas e como atingir suas metas. No caso de você esquecer alguma coisa, você tem uma nota escrita para olhar para trás. Crie o hábito de manter uma lista de tarefas para o dia. Depois de ter realizado a tarefa, cruze-a e prossiga para a próxima. Você também pode separar suas metas de curto prazo e metas de longo prazo para identificar quais delas precisam de ações imediatas e quais delas você deseja alcançar no futuro.

Priorizar. Siga o Princípio Eisenhower para priorizar o que precisa ser feito. Este princípio segue este nível de priorização: essencial e urgente, importante, mas não crítico, não excelente, mas convincente, e não relevante e não urgente. Priorize tarefas que necessitem de ação imediata, como a apresentação de relatórios antes do prazo final, o pagamento de suas faturas antes da data de vencimento e até mesmo a ingestão de seu café da manhã na hora certa. Por outro lado, você pode ignorar quais não são assuntos essenciais e não urgentes, porque podem ser distrações. Por exemplo, tendo uma bebedeira com conhecidos, jogando videogames durante o intervalo, passando horas na media social antes de dormir, etc.

Crie um cronograma. Se você quer desenvolver um hábito e se tornar organizado, você deve ter um tempo agendado para cada tarefa. Isso dependeria do seu estilo de vida, situação de trabalho, status e recursos. Por exemplo, se você é mãe e deseja organizar as fotos de seus filhos, mas não tem tempo extra, reserve pelo menos 20 minutos por dia para guardar as fotos de seus filhos. Crie um cronograma e atenha-se a ele. Em vez de se preocupar quando terminar a tarefa, comece a trabalhar nela e pouco a pouco. Em nenhum momento, você verá seu progresso.

Trabalhe de maneira mais inteligente. Ser organizado requer muito trabalho, mas se você administrar bem o seu tempo simplificando e priorizando suas tarefas, você se sentirá mais realizado. Em vez de trabalhar duro, você tem que trabalhar de forma inteligente. Alguns de nós exercem muito esforço para coisas que não importam. Por exemplo, por que você desperdiçaria seu tempo arrumando suas roupas limpas quando você pode simplesmente doá-las? Além de organizar seu armário, você também está simplificando seu guarda-roupa. Em vez de gastar mais horas organizando documentos do escritório, por que não delegar esses dados aos seus assistentes? Em suma, pense em estratégias que podem ajudá-lo a concluir suas tarefas com menos complicações, menos tempo e menos esforço.

Ter habilidades organizacionais ajuda você a se tornar mais focado na vida. Se você sabe o que, quando e como realizar seus objetivos, você desenvolve uma rotina, e esse método se torna um hábito. Ao criar uma nova prática, também nos ensinamos a ser orientados por tarefas. Quando somos orientados por tarefas, desenvolvemos um senso de disciplina.

A autodisciplina não pode ser desenvolvida da noite para o dia. Requer esforço, treinamento e motivação adequada. Tornar-se organizado já é um grande passo para alcançar hábitos de autodisciplina. Coloque esses hábitos de autodisciplina em prática e, com o tempo, as tarefas que você achava que estavam fora de nossas zonas de conforto se tornariam hábitos recompensadores no final.

Capítulo 5: Praticar o autocuidado

A autodisciplina é impossível de alcançar se não cuidarmos da nossa saúde. Nós geralmente usamos a disciplina para nos tornarmos saudáveis e em forma, mas deve ser o contrário. Precisamos cuidar da nossa saúde e bem-estar antes de impormos disciplina a nós mesmos.

Saúde é riqueza. Tudo o que temos agora não importa mais se estivermos doentes. Por isso, é uma obrigação praticar o autocuidado. Se estamos saudáveis, estamos mais alertas; podemos enfrentar nossos medos, podemos fazer o que queremos, nos tornamos mais focados e disciplinados.

Depois de praticar o hábito de acordar cedo, estabelecer metas e se organizar, é hora de falar sobre saúde e bem-estar. Este próximo passo é direto porque é uma responsabilidade diária que precisamos realizar para que possamos sobreviver. Vamos chamá-lo de VER (dormir, comer, exercitar).

Dormir

Especialistas em saúde aconselham obter 6-8 horas de sono por dia. Para conseguir uma boa noite de sono, você também precisa acordar na hora certa. A privação do sono afeta nosso humor, nossa capacidade de tomar decisões e nossa dieta. Isso terá então um efeito dominó em nossa saúde geral. Por que o sono adequado está ligado à disciplina? Quando você tem uma boa noite de sono, está mais concentrado no que deseja realizar. Você se sente energizado para fazer suas atividades. Você fica mais alerta ao terminar suas tarefas no prazo. Então, se você vai ser disciplinado, dê a si mesmo uma boa noite de sono que você realmente merece.

Comer

Comer não significa apenas ingerir alimentos para aliviar a fome, mas também escolher o alimento nutritivo e saudável que pode impulsionar nosso sistema imunológico, diminuir nossa pressão arterial e aumentar nossa energia. Certifique-se de comer o alimento certo, como frutas, legumes, proteínas e carboidratos. Evite fast food, muito açúcar e gorduras e junk foods. Também é importante comer um café da manhã saudável e saudável para começar bem o seu dia. Para o seu cérebro funcionar bem durante todo o dia, nunca pule uma refeição. Refeições nutritivas, equilibradas e oportunas melhoram nossa capacidade de focar e aumentar nossa motivação para realizar nossas tarefas.

Exercício

O sono e a comida são as necessidades básicas do homem para viver. Mas se quisermos viver mais e melhorar nossa saúde, precisamos instilar o hábito do exercício. Uma caminhada de 10 minutos pela sua vizinhança pode contribuir diariamente para o fluxo sanguíneo do seu corpo. Mesmo exercícios simples de respiração podem dar ao nosso corpo oxigênio suficiente. Quando nos exercitamos, formamos uma rotina desejada, e é quando a autodisciplina se desenvolve e se torna um hábito.

Dormir o suficiente, comer a comida certa e se exercitar diariamente aumentam nossa capacidade de pensar e nos concentrar. Por sermos mais focados e otimistas, podemos buscar o que precisamos fazer, nos esforçar para trabalhar mais e ter a força para enfrentar os desafios além de nossas zonas de conforto. Para alcançar seus objetivos, cuide-se primeiro, porque ter um corpo, mente e espírito saudáveis é um elemento essencial necessário para desenvolver a autodisciplina e alcançar uma perspetiva positiva na vida.

Capítulo 6: Refletir. Aprender. Aja

Tornar-se uma pessoa autodisciplinada requer tempo e esforço. É um processo sem fim. Ao longo do processo, você pode atrapalhar e não alcançar suas visões, mesmo que tenha planejado cuidadosamente as ações a serem tomadas. Você pode ser tentado e sentir-se culpado por não ter alcançado seus objetivos como esperado. Mas não deixe fracassos e decepções arruinar seu entusiasmo. Todos cometemos erros. Faz parte do aprendizado.

Tendo feito as etapas iniciais sobre como ser uma pessoa disciplinada, é hora de fazer uma pausa e se refletir. Para lembrar, o desenvolvimento da autodisciplina começa a partir do momento em que você acorda. Volte para o primeiro passo e tente analisar cada estágio em que você é bom e onde precisa melhorar. E para completar o nível, a autorreflexão é sugerida.

Tire um tempo para pensar em si mesmo. Entenda o que você quer e quem você quer ser. Esteja ciente de seus pontos fortes e fracos para você ser capaz de lidar com os desafios e se adaptar a circunstâncias imprevistas.

A autorreflexão ajuda você a avaliar se o processo que você realizou no curso para alcançar a autodisciplina melhorou seu bem-estar. Se houver uma melhora, continue a rotina. Mas se houver algo errado, aprenda com os erros e tente melhorar. É por isso que precisamos refletir sobre colocar as coisas em ordem novamente e voltar no caminho certo.

Então, como nós auto-refletimos eficientemente? Aqui estão as técnicas:

Coloque um tempo independente. Tire um tempo para ficar sozinho e ininterrupto. Dê a si mesmo pelo menos 10 minutos para refletir diariamente. Faça isso à noite antes de ir para a cama. Limpe sua mente e concentre-se nas coisas que aconteceram em um dia. Lembre-se de sua realização mais significativa e seja grato por isso. Lembre-se também dos erros que impediram você de terminar sua tarefa. Para guiá-lo, você pode fazer essas perguntas a si mesmo: O que mais me orgulha hoje? Quem foram as pessoas que contribuíram para minhas realizações? Quais foram as tarefas que não consegui terminar? O que está me impedindo de completar o trabalho? Eu aloquei meu tempo e esforço adequadamente? Por que eu sou grato hoje? Por que estou frustrado?

Mantenha um diário. Obtenha seu diário e escreva todas as coisas que você tem e não realizou. Seja fiel a si mesmo, escrevendo sua apreciação e deceções. Anote por que você está satisfeito e frustrado. Manter um diário é a melhor maneira de chegar ao ponto mais profundo da questão e compreender todo o processo. Se você não está acostumado a escrever, então você pode tentar escrever um diário a cada semana. Depois de um mês, você pode fazer isso duas vezes por semana, como todas as sextas e quartas-feiras. Então, três vezes por semana, até se acostumar com o hábito de escrever em seu diário diariamente.

Aprenda com o processo. Depois de escrever seu diário, você descobrirá mais sobre si mesmo - o que o deixa feliz, contente, desapontado, zangado etc. Entender suas emoções ajuda a analisar as situações. Depois de ter seguido o trabalho, você pode aprender com ele e depois encontrar a melhor solução, caso surjam problemas. Por exemplo, você se sente feliz por não comer qualquer junk food hoje. No entanto, você se sente angustiado porque não perdeu um único quilo em uma semana.

Comprometa-se com uma decisão. Agora que você aprendeu com o processo e conseguiu identificar a solução, é hora de realizar ações. Se você percebeu que não está perdendo peso por uma semana, talvez sua dieta deva ser alterada. Agora que você sobreviveu a um dia sem junk food, comprometa-se a não comer junkies por um mês. Observe seu progresso. Se ainda não houver melhora, tente alguns exercícios de treino. Se você está empenhado em perder peso, você fará todos os meios, mesmo se você não estiver mais confortável. Essa é a beleza da autorreflexão. Você não pára depois de responder às perguntas. Você precisa trabalhar nas soluções. Você precisa se comprometer 100% com sua decisão. Você precisa agir fazendo.

Disciplina é uma habilidade. Para ser um especialista em assumir o controle de si mesmo, você precisa de autoconsciência, e você só pode conseguir isso através da autorreflexão.

O que está certo sobre a autorreflexão é que você se torna mais compassivo consigo mesmo. Não há melhor maneira de ser feliz do que ser auto-aceito. Depois de ter aceito suas falhas, mas você ainda tenta maximizar suas habilidades e potenciais, você está definitivamente no caminho certo. Continue.

Capítulo 7: Relaxe e recompense-se

Desenvolver a autodisciplina é uma responsabilidade significativa não apenas para você, mas também para sua família, amigos, comunidade e país. Quando somos disciplinados, criamos uma vida mais feliz, organizada e pacífica. A lei diz que para cada esforço disciplinado, há múltiplas recompensas. Com isso, você tem o direito de ter uma pausa depois de todo o trabalho duro, lutas e restrições que você fez para atingir seus objetivos.

Ser disciplinado não é um castigo. Não é desistir do que você gosta de fazer. Em vez disso, a autodisciplina está criando um hábito que ajuda a melhorar a si mesmo. A autodisciplina permite que você atinja seus objetivos com sucesso. No processo de alcançar esse objetivo, dê a si mesmo algumas recompensas e assegure-se de que você ainda esteja no caminho certo.

Se você estiver trabalhando em um projeto por um mês, saia do escritório e vá para a praia. Se você fizer exercícios diários para manter seu corpo em forma, tenha um spa ou dia de massagem. Se você controlar suas despesas, tire uma pequena parte de suas economias e compre roupas ou sapatos novos.

Premiar-se é a melhor parte de todas as etapas do desenvolvimento da autodisciplina. Mas as recompensas ainda devem ser controladas. Deve ser uma recompensa correta. Deve reforçar seu comportamento para alcançar seus objetivos, em vez de distraí-lo. Por exemplo, depois de um mês sem fumar, não se recompense com um cigarro eletrônico. Em vez de se ajudar a se livrar do fumo, você está convidando uma tentação.

Quando você procura recompensa, isso deve fazer você se sentir bem fisicamente, emocionalmente e psicologicamente. Aprender a tocar piano requer disciplina e prática. Após um treinamento intensivo, relaxe sua mente assistindo a uma peça de teatro ou a um concerto. Além de se sentir bem, você pode aprender algo com o desempenho.

Você também pode considerar pequenas recompensas depois de cumprir sua meta para o dia. Por exemplo, depois de limpar sua mesa de trabalho, você pode gastar 10 minutos extras para verificar suas contas de media social. Ao dar-se pequenas recompensas após uma tarefa, limpar a mesa do escritório depois do trabalho se tornará o hábito desejado.

Pequenas pausas e petiscos simples são necessários para mantê-lo em movimento. Somos seres humanos e nos cansamos. Quando nos damos nosso tempo para relaxar, permitimos que nosso corpo e mente recarreguem. A autodisciplina pode ser desafiadora, então recompense seu trabalho duro. Você merece isso.

Conclusão

Agora que você concluiu as etapas de como desenvolver a autodisciplina, continue a valorizar esse atributo para alcançar os objetivos desejados. Se usada adequadamente, a autodisciplina é um excelente mecanismo para atingir a excelência.Tudo que você precisa é ouvir esse poder interior. Melhore a sua vida e mude o mundo mesmo de formas simples e pequenas.
Ser inspirado. Quando somos encorajados, estamos mais comprometidos em alcançar nossos objetivos. Tornamo-nos mais disciplinados para tomar decisões acertadas e tomar as medidas corretas, apesar do desconforto e dos desafios ao longo do caminho.
Há tantas maneiras de buscar inspiração em como desenvolver a autodisciplina. Podemos ser inspirados por experiências de pessoas de sucesso, histórias de filmes, lições de vida de blogs e dicas de autoajuda de livros como este e-book.

Espero que, ao ler este livro, você esteja inspirado a ser uma pessoa com autodisciplina, uma pessoa com dignidade, uma pessoa com um propósito.

Mais uma vez, obrigado por baixar.

Obrigado e mais poder!

Parte 2

Introdução

O ser humano é um personagem complexo, repleto de emoções e sentimentos que são difíceis de explicar. São essas emoções e sentimentos que nos fazem diferentes uns dos outros. Cada um de nós têm sua própria personalidade baseada naquilo que podemos, ou não, controlar. Enquanto algumas pessoas acham fácil controlar certos sentimentos ou emoções, outras acreditam que elas simplesmente não conseguem. Elas apenas deixam se levar pelo calor do momento e aceitam que é assim que elas nasceram. Se o seu objetivo é perder alguns quilos, ter uma alimentação saudável, poupar dinheiro, ouse livrar de maus hábitos, a autodisciplina é uma ferramenta extramente poderosa e pode nos ajudar a alcançar nossos objetivos e ter uma vida mais feliz.

Benefícios da Autodisciplina

As emoções são uma parte importante de nossas vidas. São elas que nos fazem humanos, mas não controlar aquilo que você pensa e faz leva a desastrosas consequências. Ao desenvolver autodisciplina, nós criamos uma mentalidade forte o suficiente para evitar quaisquer distrações ou tentações que podem atrapalhar o alcance de nossos objetivos. Desde os tempos antigos, tem se dado ênfase que a disciplina leva a um sucesso duradouro e à felicidade. Alguns dos indivíduos mais bem sucedidosdo mundo atual mantêm certos níveis de autodisciplina em suas vidas e isso os tem ajudado apermanecer onde estão hoje.

Um dos principais benefícios de desenvolver autodisciplina é que nós começamos a perceber que não existe nenhum problema em nossas vidas que seja insuportável ou insolúvel, porque através da disciplina nós temos conhecimentodaquilo que nós vamos encontrar pela frente e sabemos como lidar com isso. A vida de hoje é agitada e estressante. Muitas vezes nos encontramos reclamando sobre como nós estamos emaranhados com os problemas de nossas vidas e aparentemente não há resposta ou solução para isso, mas nós estamos completamente enganados. Todos os problemas têm soluçãoe todos podem ser resolvidos com a abordagem correta. Nunca dica a si mesmo que algo é muito complicado, estressante, ou que você não pode arcar com isso. Com a mentalidade correta, qualquer problema se torna apenas um novo desafio para testar a sua força de vontade. Agora, quando nós não temos autodisciplina nós naturalmente sempre optamos pelo jeito mais fácil e curto para o sucesso, embora esse caminho quase sempre leve ao desapontamento e ao fracasso. Mesmo que não haja nenhuma solução plausível à vista, ter disciplina pode nos ajudar a encontrar as soluções para os nossos problemas. O exemplo mais simples que podemos pegar é a obesidade. Muitos procuram aplicar a autodisciplina em suas vidas para perder peso e ter um estilo de vida mais saudável. A principal dificuldade que essas pessoas encontram é parar de comer besteiras e começar a comer alimentos mais saudáveis e em porções menores. Essencialmente, se tornar disciplinado envolve **resistir às tentações**. Autodisciplina não significa apenas obter respostas ou soluções para os seus problemas, mas também é para erradicar os maus hábitos e ter uma vida melhor e para que esses problemas não surjam novamente. Através da disciplina, nós queremos acabar com os nossos aspectos negativos enquanto melhoramos os positivos para o próximo nível. Nós queremos melhorar, não queremos? Nós queremos estar e parecer beme satisfeitos e levar uma vida saudável. Entretanto, esses sentimentos permanecem conosco apenas por algum tempo, porque nós perdemos o controle da autodisciplina e sucumbimos aos maus hábitos como: fumar, beber, comer em excesso e levar um estilo de vida genérico, pouco saudável e insatisfatório. Com a autodisciplina você também ganha a oportunidade de fazer as coisas melhores para si mesmo e garantir que você esteja sempre no caminho correto e sempre fazendo progresso. Com autodisciplina você pode acabar com maus hábitos e melhorar não apenas sua personalidade, mas também a sua saúde física e mental além de ser mais produtivo. Uma vida sem objetivo é como uma flecha sem alvo. Cada indivíduo tem sonhos e objetivos e são eles que levam ele ou ela para frente na vida. Enquanto alguns indivíduos são capazes de alcançar suas metas e sonhos, alguns acreditam que eles não conseguem ou que é muito tarde para isso. Agora, muitos podem dizer que essas pessoas não se dedicam frequentemente se perdem dos seus objetivos, e isso é verdade. No entanto, mais do que apenas se dedicar é importante ter foco e uma atitude voltada para o objetivo e isso vem através da autodisciplina. Você pode até estar se dedicando e se debatendo para alcançar os seus sonhos, mas pergunte a si mesmo, você tem foco? Autodisciplina se concentra nos aspectos positivos da vida e te oferece uma perspectiva diferente que naturalmente faz crescer uma felicidade em você. Com autodisciplina você fica mais focado e você adota uma estratégia na sua mente que é prática e viável.

Autodisciplina se sobressai em eliminar os medos e dúvidas de sua mente. A confiança que você ganhará como resultado só aumentará o efeito de bola de neve em sua jornada para uma vida melhor.

Alguma vez você já sentiu que existem problemas em sua vida que você simplesmente não pode resolver? Na vida tudo é sobre ter jogo de cintura e resolver os problemas cada um ao seu tempo. Medo, ansiedade e receio frequentemente bloqueiam nossa visão e perspectiva. Nessa situação nós nunca vemos o todo e limitamos nossas capacidades. Entretanto, quando você é disciplinado as coisas ficam claras e você enxerga mais oportunidades e opções para explorar e resolver os seus problemas. Os indivíduos que têm autodisciplina acreditam que eles podem alcançar qualquer coisa que eles tiverem em mente e assim nada fica em seu caminho.

É incrível de se ver, mas através da disciplina você se torna um resolvedor de problemas. Para um indivíduo disciplinado os problemas não são nada mais que limitações da mente e do corpo. Normalmente nós nunca queremos sair de nossa confortável zona de conforto e é isso o que nos impede de resolver nossos problemas ou de alcançar nossos objetivos. Se nós nunca fizemos algo, mesmo apenas para tentar, nós ficamos com medo de falhar ou de nos machucar. Com autodisciplina nós podemos simplesmente alcançar nossos objetivos de forma eficiente e nos garantir que nós somos capazes de obter sucesso e felicidade. Consequentemente, **autodisciplina significa quebrar as barreiras de nossa mente** e moldar nossa força mental que eventualmente nos ajuda a ver através dos problemas e a encontrar o caminho.

Deve ser notado que ser disciplinado não é o mesmo que se tornar um robô sem emoções e que não sente prazer ou alegria na vida. Muito pelo contrário. Indivíduos autodisciplinados desenvolvem uma melhor criatividade e imaginação do que aqueles que não são. Isso se deve, principalmente, às suas percepções mentais e à maneira com que eles enxergam as coisas e situações. Indivíduos autodisciplinados são confiantes, determinados e focados, e isso os diferencia. Eles têm um objetivo claro em suas mentes que eles querem alcançar. Com os aspectos positivos que eles ganham por serem disciplinados, eles são capazes de alcançar seus objetivos e mesmo no fracasso eles procuram uma nova forma criativa de alcança-los. Em outras palavras, indivíduos autodisciplinados têm a capacidade de pensar fora caixa, porque eles compreendemque eles são capazes de conquistar os objetivos.

Desenvolvendo Autodisciplina

Então como nós desenvolvemos essa autodisciplina? Muito simples.**Criando Hábitos**. Comece com coisas menores que você pode controlar, enquanto pegaembalo e gradualmente faz mudanças maiores em sua rotina, por exemplo, tentar perder peso. Comece limitando o seu consumo de refrigerante para apenas

1 ou 2 por dia. E na próxima semana diminuir para 1 por dia, e depois 1 ou 2 por semana.E gradualmente eliminando um mau hábito de uma forma controlada e fácil manter que irá garantir o sucesso. Enquanto nós frequentemente falamos sobre autodisciplina e sobre como nós podemos superar nossos problemas e transtornos de uma maneira melhor, muitas vezes nós nos encontramos em uma situação difícil onde você pode se sentir forçado a fazer algo ou a dizer a si mesmo "apenas mais uma vez" ou "todos estão fazendo isso". Lembre-se, a única pessoa que pode te forçar a fazer algo é você mesmo, apenas você tem que enfrentar as consequências da culpa e do fracasso. Consequentemente, autodisciplina é uma coisa que nós temos que desenvolver dentro de nós conversando com nós mesmos e pensando em como nós podemos fazer as coisas de um jeito melhor. A maioria das pessoas fala de seus objetivos de curto e longo prazo, mas nenhum irá funcionar se você não for autodisciplinado e não controlar

suas emoções e seguir aquilo que você tem planejado. Desenvolver a autodisciplina pode ser muito difícil no começo e você pode pensar que não a tem, mas precisa provar a si mesmo que está errado. Com pensamentos positivos e constantes você verá que irá desenvolver um sentido de autodisciplina e após certo tempo isso virá naturalmente para você e se tornará parte do seu estilo de vida. Então tudo o que você tem que fazer para desenvolver autodisciplina é decidir quando e começar a trabalhar nisso.

Aqui estão algumas estratégias que podem te ajudar a desenvolver autodisciplina conforme você as pratica.

Evite a Procrastinação – Pessoas autodisciplinadas valorizam o tempo, porque elas sabem que cada segundo conta. Quando você está desenvolvendo a autodisciplina você precisa começar pela forma como você gasta o tempo do seu dia. Você também tem que se focar no trabalho do dia de hoje. Se você não conseguir se lembrar das coisas você pode anota-las em seu diário e garantir que você cumpra as coisas e os compromissos a tempo. Inicialmente a preguiça pode bater e acontecer oscilações no ânimo, isso acontece porque você não está acostumado com tal estilo de vida, porém você precisa deixar os seus pensamentos em ordem e ter certeza de nunca enrolar para começar a se dedicar e alcançar os seus objetivos. Adiar ou atrasar o seu trabalho pode levar ao fracasso e isso é uma coisa que você precisa evitar.

Mantenha uma Rotina – Você já reparou em como os militares mantêm uma rotina diária? Isso acontece porque eles induzem a autodisciplina nos soldados e querem ter certeza de que todos a sigam. Similarmente, é importante que você mantenha o seu cronograma para que você atinja os seus objetivos. É claro que você não tem que ser muito duro consigo mesmo, mas se você tem compromissos em sua rotina, cumpra-os. Não pense em adiar ou atrasar. Você irá apenas se arrepender no próximo dia, e se prender a um círculo vicioso. Quando você adia e procrastina, você se torna irresponsável e perde a determinação para o seu objetivo final.

Acredite que Você Irá Conseguir – Nada é maior neste mundo do que a fé de um ser humano. Se você acreditar que você irá conseguir, você está correto. Se você acreditar que você não irá conseguir, você também está certo. O que você acredita se torna parte de você e quando você está desenvolvendo autoconfiança você precisa se induzir a pensar que você acredita em tudo que faz. Autodisciplina permite que você se foque nos aspectos importantes da vida e, portanto quando você começa a acreditar em alguma coisa, você trabalha nisso e a alcança de qualquer jeito.

Defina os seus Objetivos – A vida pode ser uma bagunça, mas se você quer encontrar soluções para os problemas você precisa colocar os seus objetivos na direção correta. Consequentemente, para desenvolver autodisciplina você precisa avaliar a sua vida e determinar o que é, ou não, importante. Você pode querer se livrar de pessoas ou coisas que realmente não são importantes para você econcentrar as suas energias em coisas que você realmente quer. Os seus objetivos podem ser diferentes dos objetivos dos outros e assim sendo você não deve julgar o seu sucesso comparando-o com o dos outros. Enquanto alguém pode querer abrir o próprio negócio, o seu objetivo pode ser parar de fumar. Em ambos os casos ninguém irá negar que é necessário uma enorme quantidade de disciplina para conseguir.

Continue Tentando, Persistência é a Chave – Definir metas é importante, mas**começar** é o mais importante. Você pode ter avaliado os seus sonhos e metas e ter um plano de ação pronto, mas nada irá funcionar a menos que VOCÊ trabalhe nisso. Consequentemente, você deve experimentar as coisas e garantir que você seja capaz de fazer com que elas funcionem do jeito que você planejou. A princípio isso pode parece impossível, mas nunca deixe de tentar. Pense positivo toda vez que você sentir que você não é capaz de conseguir e foque na meta da sua vida e isso te dará a força para continuar. Tente relembrar das metas que você já conseguiu alcançar mesmo elas parecendo impossíveis no começo. Você também deve ler livros que te ajude a manter o foco em persistir, porque quando você continua persistindo, as situações mudam e você fica mais autoconfiante conforme você continua se dedicando.

Estabeleça Prazos – Outra forma de desenvolver noção de autodisciplina é estabelecendo prazos e metas que podem te ajudar a atingir os seus objetivos. **Tenha noção de urgência!** Eu não posso destacar isso o suficiente. Isso irá te ajudar a se esforçar com intensidade e se focar no seu objetivo ao invés de sentar e esperar que as coisas aconteçam. Pergunte isto a si mesmo, caso você tenha dois objetivos para alcançar, um precisa ser alcançado no próximo ano e o outro na próxima semana, para qual você dará prioridade? Se você se forçar a agir como se tudo o que você trabalha está bem próximo de se realizar, então você ficará tremendamente mais produtivo e bem sucedido em atingir aquele objetivo e o sucesso irá facilmente acompanhar. Estabelecer prazos não apenas te ajuda a melhorar e aperfeiçoar a autodisciplina, mas também aumenta sua força de vontade de determinação.

Autodisciplina e o Crescimento Pessoal
Nós sempre pensamos em como nós podemos melhorar a nós mesmo e apresentar mudança positivas em nossas vidas que podem permitir, ou deixar mais fácil para nós alcançarmos nossos objetivos. Uma coisa interessante sobre as pessoas é que todos nós queremos alcançar o crescimento, mas para alcançar esse objetivo nós precisamos fazer algumas sérias mudanças em nós mesmos e isso é uma coisa que nós todos agimos como se não estivéssemos preparados para isso. Nós falamos sobre crescimento pessoal, mas na realidade o crescimento pessoal é um processo mudança pessoal. Mudar a nós mesmos para melhor pode ser um processo para a vida toda. No entanto, esse sentimento de mudar para melhor deve vir de dentro de nós e ninguém pode nos forçar a fazê-lo. Com

autodisciplina você pode ter certeza que você se focará no seu crescimento pessoal e se esforçará para fazer o melhor que você consegue.

Autodisciplina e crescimento pessoal andam lado a lado, portanto você precisa ser autodisciplinado para alcançar o crescimento pessoal e vice-versa. Quando você quer fazer certas mudanças em si mesmo, você precisa estar ciente de certas coisas que você irá ter que se focare se esforçar mais para alcançar aquele objetivo. Isso vem através da autodisciplina e você terá que se convencer de que **isso é uma batalha consigo mesmo.**Por exemplo, se você quer parar de fumar, você tem que dizer a si mesmo o porquê fumar não é bom para sua saúde e o porquê você tem que parar. Novamente, vá aos poucos. Comece reduzindo gradualmente a quantidade de cigarros que você fuma por dia. Uma vez que você tenha conseguido, você tem que se dedicar ainda mais para garantir que você não volte a fumar. Pense em algo positivo sempre que você sentir necessidade fumar e pense nos efeitos negativos do cigarro. Inicialmente, isso pode parecer impossível, mas quando você continua persistindo issovira um hábito que eventualmente se tornará uma segunda natureza.

Uma das coisas mais importante que você precisa ter em mente quando estiver se focando no crescimento pessoal é o dia de **hoje**. Nós normalmente tendemosa viver muito no passado e pensamos nas razões pelas quais nós não conseguimos fazer algo seja devido aos erros ou por falta de experiência. Fazendo isso estamos induzindo o desânimo e a negatividade. Quando você está planejando desenvolver autodisciplina para crescimento pessoal você se foca no dia de hoje, o presente, neste exato momento. Quando você pensa nos fracassos do passado você ficaincapaz de assumir novos riscos na sua vida. Quando os humanos apenas pensam em fracasso eles se assustam e criam estresse; ninguém quer ser considerado um fracassado. No entanto, quando nós nos focamos no crescimento pessoal, nós temos que esquecer os nossos fracassos do passado e nos concentrar em como nós podemos melhorar a nós mesmos no agora. Você tem que ter mente que o seu passado não tem relação com as suas realizações futuras e que com autodisciplina você pode desenvolver o crescimento pessoal.

Quando você estiver pensando em crescimento pessoal pense naquilo que você quer alcançar ao invés daquilo que pode, ou não, alcançar. É recomendado que você anote os seus objetivos e metas, porque assim você garantirá que nunca perderá o foco. Você pode fazer um papel de parede para o seu notebook, ou anotar e pendurar no seu local de trabalho, e então conforme você o vê diariamente, eventualmente esse objetivo se tornará parte de você. Algumas das pessoas mais bem sucedidas do mundo acreditam que é importante você conhecer o seu objetivo antes de começar a jornada.

Autodisciplina e crescimento pessoal não são o seu objetivo final, mas fazem parte do processo. Os seus objetivos são diferentes e você pode alcança-los através da autodisciplina e do crescimento pessoal. Isso significa que autodisciplina e crescimento pessoal são uma jornada contínua e você terá que recompensar a si mesmo de tempos em tempos para garantir que você nunca irá ser perder o fôlego e desistir do seu objetivo no processo. Uma boa maneira de se manter focado é cuidar e mimar a si mesmo com recompensas sempre que você alcança algo que te deixa mais próximo do seu objetivo principal. Apenas tenha cuidado para que essas recompensas e prazeres acidentalmente atrapalhem o seu objetivo. Não use a recém-adquirida disciplina como desculpa para satisfazer prazeres em excesso. Se você comer corretamente durante um dia inteiro, você pode acabar se convencendo que está tudo bem comer metade de um bolo de chocolate durante a noite, assim você estará no caminho errado. Nós devemos sempre ter cuidado para que os prazeres da vida não definam quem nós somos.

Os seres humanos são condicionados a seguirem certos padrões e agendas. Pense em como você se sente quando alguém interrompe a sua rotina diária. Você se sente frustrado, não é? Isso é porque você tem esse hábito de fazer as coisas diariamente e de repente alguém apenas atrapalha o seu agradável e confortável cronograma. Quando você está no processo de desenvolvimento da autodisciplina para o crescimento pessoal, haverá momentos que você precisará mudar o seu estilo de vida e cronograma. Organize o seu cronograma de uma forma que você tenha tempo para coisas que não são negociáveis e cruciais para o seu sucesso e crescimento pessoal. Mantenha a sua rotina e complete suas tarefas dentro do prazo, Não atrase os seus objetivos e tenha certeza de usar o seu tempo com sabedoria.

Autodisciplina e o Sucesso Profissional
A autodisciplina é uma ótima ferramenta que não oferece apenas o crescimento pessoal, mas também leva ao sucesso profissional. Sucesso profissional é um

sonho que todos nós queremos alcançar, mas apenas alguns conseguem alcançar tal aspiração. Todos nós trabalhamos duro e enfrentamos as batalhas da vida, onde nós podemos nos empenhar e conquistar qualquer coisa que a vida coloque em nosso caminho. Ainda, apenas certas pessoas são capazes de cumprir isso até o final, enquanto o resto de nós nunca vê o sucesso profissional e continuamos com a nossa batalha para alcança-lo.

Enquanto você pode querer culpar a sua sorte, os profissionais acreditam que eles alcançaram esse nível com autodisciplina e perseverança. Não importa o que você faça você precisa ser autodisciplinado e focado nos seus objetivos. Isso pode te ajudar a pensar diferente, e se necessário adotar novas formas de pensar para alcançar tais objetivos. Pessoas bem sucedidas não fazem coisas diferentes, elas fazem as coisas de maneira diferente. Como elas fazem isso? Elas fazem isso, porque elas conhecem os seus objetivos e elas criam estratégias para atingi-los. Essas pessoas não fogem do trabalho duro e dos riscos, porque elas sabem que elas desenvolveram uma forte e disciplinada mentalidade.

Com tantas coisas e situações acontecendo em nossas vidas todo santo dia, fica difícil para nós nos mantermos o foco. Como seres humanos nós somos criaturas emocionais e frequentemente nos envolvemos em situações que nos desviam de nossos metas e objetivos finais. Nós nunca percebemos isso, porque nós nos deixamos levar pela situação. Apenas quando nós estamos contemplando e observamos a corrente de eventos, nós percebemos que nós podemos ter feito um movimento errado em um dado momento e perdemos o foco. Pessoas de sucesso passam pelas mesmas experiências, mas eles usam autodisciplina para manter suas mentes focadas no objetivo. Elas nunca perdem o autocontrole e elas nunca desistem mesmo com esses contratempos ou eventos.

Interessantemente, a autodisciplina trabalha como uma corrente de eventos e quando você desenvolve o senso de autodisciplina, você também trabalha outras disciplinas que involuntariamente te ajudam a alcançar os seus objetivos. Quando você está desenvolvendo autodisciplina você também tende a aumentar suas outras disciplinas e todas elas trabalham juntas para atingir as metas do seu trabalho. E de alguma maneira isso também aumenta sua criatividade que é uma característica importante para o seu sucesso profissional. Quando nós falamos sobre criatividade, normalmente pensamos em arte e desenhos, mas criatividade não está limitada a arte e artesanato. Criatividade pode ser simplesmente o jeito que você pensa ou a abordagem que você escolhe para atingir os seus objetivos ou talvez o desenvolvendo de um novo modelo de negócio. Quando você implementa a autodisciplina em sua vida, você descobre várias formas de alcançar os objetivos do seu trabalho e você trabalha incansavelmente e sem hesitar em direção desses objetivos.

Quando nós falamos sobre criatividade, nós também temos que falar sobre as falhas e os riscos que devemos correr para superar o medo do fracasso. Uma grande diferença entre pessoas bem sucedidas e pessoas sem sucesso é sua disposição de correr risco e de falhar. Nós não queremos falhar e não queremos considerar o risco do fracasso, pessoas de sucesso nunca fogem de suas falhas e elas querem assumir o risco que elas tomaram, porque elas obtiveram confiança e segurança necessárias para elimina-lo, mesmo que os outros não acreditem que elas possam. Autodisciplina induz os bem sucedidos e autoconfiantes empreendedores a acreditarem naquilo que fazem e que eles irão alcançar os seus objetivos. Eles já têm um mapa em suas mentes, que os outros não podem sondar. Não importa o que os outros digam, eles nunca pendem o foco e se esforçam para continuar o caminho para alcançar os seus objetivos. Eles são pessoas determinadas e pensam em múltiplas maneiras de alcançar o seu único objetivo. Então o completo fracasso não é uma opção para empreendedores bem sucedidos, porque eles nem mesmo consideram o fracasso uma opção.

Indivíduos autodisciplinados também conhecem o poder e a utilidade que podem vir das pessoas ao redor. Empresários e empreendedores de sucesso estão ocupados criando relações com pessoas que podem ajuda-los a alcançar seus objetivos. Eles criam o hábito de construir novos e manter relacionamentos com pessoas positivas, porque isso os ajuda a continuar. Quando eles falham, eles têm pessoas positivas em volta para lhes oferecer soluções e alternativas diferentes e isso os ajuda a continuar. Com autodisciplina você entenderá que os problemas da vida normalmente vêm de pessoas negativas que continuam a te puxar para baixo. Com autodisciplina você também aprende a **respeitar e a aproveitar mais o seu tempo.** Pessoas autodisciplinadas não apenas ajudam a si mesmas, mas também as pessoas em volta delas sem esperar nada em troca, e isso volta para elas quando elas precisam nos momentos difíceis.

Estabelecendo Regras Básicas para o Autocontrole

Autocontrole soa como uma coisa fácil, porque parece que é apenas dizer "não" a si mesmo e controlar suas emoções, pensamentos e ações; mas isso pode ser um pesadelo, se você nunca tentou fazer isso antes. Como seres humanos nós reagimos naturalmente e quando as coisas não dão certo, nós reagimos de certa maneira, ou nós reagimos quando alguém diz algo sobre nós. Autocontrole é uma coisa que todos nós somos capazes de ter, mas é necessário prática e trabalho duro para alcançar o nível necessário para ser bem sucedido.

Autocontrole é uma importante e fundamental peça quando você quer desenvolver autodisciplina. Uma das maiores diferenças entre nós e as pessoas altamente bem sucedidas é que elas têm autocontrole superior de seus pensamento, ações e palavras e elas os escolhem cuidadosamente. E isso pode levá-las aos resultados que elas escolheram. Controle, por outro lado, normamente leva a uma reação geralmente oposta. Por exemplo, se o governo de repente cria uma nova lei para multar as pessoas que atravessam a rua fora da faixa de pedestres, muitas pessoas se mobilizariam contra essa lei, porque o governo está forçando um conceito nas pessoas que elas não concordam. Como seres humanos nós não gostamos que os outros nos digam o que fazer ou não. Com autocontrole, ninguém manda em nós a não ser nós mesmos. Nós percebemos que existem certas coisas que precisam ser feitas sem mais atrasos.

Conheça os Seus Objetivos – Conhecer o seu destino pode deixar a viagem mais conveniente e fácil. Similarmente, é importante conhecer os seus objetivos para estabelecer as regras básicas para o autocontrole. Você precisa ter um objetivo fixo em sua mente que pode te ajudar a dar início ao processo de autocontrole.

Consequentemente, você pode querer anotar ou colocar imagens do seu objetivo, para que você possa vê-lo todos os dias. Após um período de tempo, os objetivos se tornarão um aparte integral de sua vida e você será mais autocontrolado e saberá o que fazer para atingir o objetivo.

Mantenha o Comprometimento – Se manter comprometido é uma coisa difícil de fazer, mas se você conseguir, você pode alcançar os seus objetivos e aproveitar o sucesso da vida. Quando você é comprometido com certos objetivos isso pode facilitar o processo de alcançá-los. Uma vez que você já tenha planejado em sua mente certas metas e objetivos, tudo o que você precisa é de persistência e ética. Isso simplifica e deixa mais eficiente todo o processo de autocontrole. Isso também é importante para você se focar nos seus prazos, porque quando você começar a atingir os seus objetivos dentro do prazo você ficará mais confiante em si mesmo e você tenta executar mais ideias em menos tempo, e isso aumenta o seu autocontrole.

Recompensas e Penalidades – Pode ser difícil ter autocontrole o tempo todo, mas você ainda precisa se motivar a continuar com o esforço para mantê-lo. Às vezes, você pode perder o foco e fugir do seu cronograma estabelecido e é nesse momento que você deve estabelecer um sistema de recompensa e penalidades. Isso com certeza funciona no mundo real, porque os seres humanos amam ser recompensados e odeia ser penalizados. Quando você está fugindo do seu cronograma você precisa estabelecer algumas consequências para si mesmo que podem te perturbar e ao mesmo tempo te motivar a trabalhar duro e alcançar o próximo objetivo. As recompensas podem também fortalecer o seu autocontrole. Quando você faz sacrifícios e trabalha mais duro, você precisa de algum tipo de apreciação para continuar e te encorajar a dar o seu melhor. Então quando você alcança esses objetivos menores que ao final levaram ao principal, não hesite em recompensar a si mesmo. Isso irá permitir que você continue a trabalhar duro em direção ao seu objetivo, porque você quer essas recompensas e isso desenvolve o senso de autocontrole.

Lutando Contras as Tentações – Autocontrole não é apenas dizer a si mesmo o que fazer, mas também o que não fazer.Nós vivemos em um mundo cheio de tentações e nós somos facilmente influenciados a fazer outras coisas que são mais fáceis e simples, e fugimos da parte difícil. E isso pode gradualmente se tornar o maior obstáculo a superar, porque toda vez que você começar a trabalhar na parte difícil você se sente tentado a fazer outras coisas que são mais fáceis. Isso demanda uma grande quantidade de força de vontade, autocontrole e foco nos seus objetivos e ter certeza de que você não está fugindo de seus objetivos e trabalhando constantemente para alcança-los.

Dicas para o Autocontrole

Até agora nós nos focamos em como desenvolver o autocontrole e em como nós podemos aprender a controlar nossos pensamentos, palavras e ações através de vários métodos, mas na prática o autocontrole é uma coisa completamente diferente. Nós demonstramos maior autocontrole quando nós estamos em público, porque nós sabemos que nós estamos sendo observados. Nós estamos completamente conscientes do fato que as outras pessoas percebem nossas ações, nossa linguagem corporal e vários outros aspectos e, assim sendo nós somos especialistas em agir de uma certa maneira. No entanto, usar o autocontrole demanda algum tempo e você pode não ser bom nisso no começo, mas você irá gradualmente desenvolver esse hábito de uma maneia eficaz.

Pensando Positivo – Buda disse: "Você é o que você pensa". Você se torna naquilo que você pensa e para usar o autocontrole você precisa controlar o que você pensa. Quando nós controlamos nossos pensamentos, nós subsequentemente controlamos nossas ações. Na maior parte do tempo, nossas ações estão alinhadas com nossos pensamentos. Se você quer usar o autocontrole, pense positivo e mantenha a mente relaxada. Quando você está parado e relaxado a sua mente pode pensar em várias e diferentes maneiras para resolver o problema que está diante de você. Quando você fica frustrado e irritado, você perde a sua calma e é consumido por pensamentos negativos que não te oferecem nenhuma solução. Use frases como: "Eu posso fazer isso", "se acalme", "tudo está sobre controle" e você se sentirá melhor.

Conecte-se com a Natureza – O estresse nunca é bom para sua saúde e nem para o seu autocontrole. Quando você está estressado o seu autocontrole vai por água abaixo. Uma boa maneira de descontrair e relaxar é manter contato com a natureza. Pode não parecer uma grande ideia ou a opção mais excitante, mas funciona como mágica. Quando você se conecta com a natureza você equilibra os seus pensamentos, palavras e ações e fica mais tranquilo. Quando você está com a natureza, você tem tempo para notar as coisas minuciosas que estão ao seu redor como as árvores verdes exuberantes, ondas do mar e o céu azul acima de nós. Tire algum tempo para sentar debaixo de uma árvore, ou dê uma caminhada no parque, observe os peixes de um aquário, brinque com um cachorro e você sentirá relaxado e com tudo sob controle.

Observe os Seus Padrões – Outra forma de usar o autocontrole é obervar o nosso próprio padrão de comportamento. Agora, não fique muito crítico, se não você pode ficar depressivo. No entanto, observe as coisas que você está fazendo errado e as corrija. Por exemplo, se você estiver sobrecarregado com muitos compromissos e você não é capaz de lidar com eles. Anote toda a sua programação em um pedaço de papel e quanto tempo cada compromisso levará. Agora, dê prioridade a eles e veja quais não são urgentes e quais pode cumprir quando você estiver com tempo livre. Assim você pode gerenciar o seu tempo e usá-lo de forma mais eficiente. Mesmo quando você está muito ocupado você tem que reservar um tempo para descontrair. Autoconsciência é realmente importante para o autocontrole, porque você precisa saber onde você está errando para trabalhar nisso.

Faça as Coisas Corretas – É bom que você esteja pensando positivo, sendo observador, anotando os erros que você está cometendo e se focando em como pode mudar certas coisas no seu cronograma para deixa-lo mais eficaz e ter mais tenacidade. No entanto, você tem que fazer essas coisas para começar. Todo pensamento tem que ser convertido em ações e conforme você as repete essas, isso se transforma em rotina e eventualmente virá um hábito. Por exemplo, se você quer levar uma vida saudável, você deve anotar o que você pode comer ou não. No entanto, apenas isso não resolverá as condições da sua saúde. Você tem que fazer um esforço para comer de forma saudável, limitar o tamanho das porções e evitar as porcarias. No início isso pode ser difícil, mas comer de forma saudável gradualmente se tornará parte da sua rotina e eventualmente no estilo de vida.

Descobrindo a Verdadeira Felicidade Através do Autocontrole – Você está sempre procurando por momentos verdadeiramente felizes na sua vida? Felicidade é uma coisa que todos nós queremos, mas muitos de nós a encontramos em pequenos momentos e em raras ocasiões. A maioria das pessoas não está satisfeita com suas vidas e com o jeito que elas estão lutando para equilibrar seus compromissos pessoais e profissionais e, entre tudo isso, elas buscam a felicidade que parece evita-los para sempre. Nós somos quem somos por causa de nossos pensamentos, trabalhos e ações. Ninguém é responsável por isso a não ser nós mesmos. Autocontrole é uma forma de alcançar a felicidade e viver uma vida de realização de alegria.

Cada pessoa do planeta tem uma definição diferente de felicidade, porque elas procuram em coisas diferentes. Algumas lutam por liberdade financeira para alcançar a felicidade, enquanto outras procuram a felicidade dando luxo e conforto para os seus entes queridos. Outros querem alcançar o sucesso profissional ou amoroso. Não importa qual seja a sua definição de felicidade, você pode alcança-la através de autocontrole e de uma mente disciplinada.

Autocontrole significa controlar suas emoções, pensamentos, ações e palavras e canaliza-las para resolver os problemas que você tem. Você se torna feliz quando é capaz de realizar isso, porque não importam quais são os seus problemas, você se sente confiante o suficiente para resolvê-los. Estresse é um veneno para a felicidade, e a confiança é o antídoto. Olhe em volta e perceberá que a maioria das pessoas não infelizes, porque elas não são capazes controlar seus medos, preocupações, tentações e ações. Elas levam uma vida de vícios e desejos descontrolados que os força a fazerem coisas que, na realidade, elas não querem fazer. O medo em seus corações não os permite pensar logicamente e se arriscarem, porque elas estão com medo de falhar e a negatividade encobre sua criatividade. **Negatividade encobre a criatividade.**

Com autocontrole você pode descobrir a verdadeira felicidade, porque você está com o controle total de sua mente, palavras e ações. Você compreende que os problemas acontecem e que isso faz parte da vida, então ao invés de ficar paranoico com eles, você se foca em como resolvê-lo. Com autocontrole você entende que todos os problemas têm solução e que desde que você controle os seus pensamentos, palavras e ações você pode descobrir múltiplas ideias para encontrar as soluções para o problema à frente. Dessa forma você nunca se preocupa com qualquer problema, porque você sente confiança o suficiente para resolvê-los. Com uma mentalidade positiva você está sempre feliz e com a mente aberta. Você pode encontrar felicidade em qualquer coisa que faça.

Muitas pessoas ficam depressivas e ressentidas na vida, porque elas acreditam que são incapazes de alcançar seus sonhos e objetivos. Por exemplo, quando elas começam uma carreira elas estão cheias de entusiasmo e anseios com aquilo que elas querem realizar na vida e com quem elas querem ser, mas com o passar do tempo esse entusiasmo acaba e é substituído pela negatividade, ódio, ganância e apego. Com autocontrole você pode se livrar da venenosa negatividade que te atrapalha em perseguir seus objetivos e desvia a sua atenção. Pessoas autocontrolas estão sempre focadas naquilo que elas querem alcançar e em como elas o farão. Se você for uma pessoa autocontrolada você estará sempre determinada a alcançar seus objetivos e focada em como você irá concretiza-los. Autocontrole também induz a positividade em você e isso aumenta sua confiança e garante que mesmo após várias falhas você será capaz de continuar trabalhando para alcançar os objetivos da sua vida. Quando você alcança os seus objetivos você se sente satisfeito e uma verdadeira alegria, porque você conquistou aquilo que você sempre sonhou.

O desejo é a principal causa de todosofrimento – Essa frase de Buda diz muito sobre como o autocontrole pode te ajudar a encontrar a felicidade. Como seres humanos, nós temos infinitos desejos que ao final levam ao caminho do sofrimento. É uma coisa boa desejar algo em sua vida, mas o problema começa quando você não consegue realizar esse desejo. Quando as coisas não acontecem do jeito que você quer você fica triste e depressivo com isso. No entanto, com autocontrole você pode descobrir a verdadeira felicidade, porque você pode controlar as suas emoções e se manter desapegado das coisas que você quer. Por exemplo, você pode estar infeliz por não ser promovido no escritório enquanto outros, talvez até menos merecedores que você, estão sendo promovidos. Isso pode te irritar, porque você deseja subir nos cargos da empresa. No entanto, se você for autocontrolado, você será capaz de controlar a sua tristeza e de se focar noseu desempenho para garantir que você será promovido na próxima oportunidade.

Deixe esse contratempo servir como uma valiosa experiência para criar uma melhor versão de si mesmo.

O que te guia? Motivando a si mesmo
A vida é cheia de altos e baixos; ninguém está livre de dificuldades e contratempos. Quando nós passamos por tempos difíceis, manter-se positivo pode ser um verdadeiro desafio, conforme os pensamentos negativos e os conceitos nublam nossas mentes eles podem realmente começar a prejudicar a confiança e a felicidade em geral. Encontrar uma maneira de se manter motivado é importante, porque isso nos ajuda a voltarmos ao caminho correto e garantir que nós estamos nos focando em nossos objetivos e trabalhando neles. Existem tantas maneiras de se manter motivado e é importante que você **encontre o seu jeito pessoal manter a motivação.** Cada um tem um jeito único de se manter a motivação e, portanto isso se trata apenas de autoconhecimento e de saber o que te motiva.

Pare compreender isso melhor você precisa olhar com cuidado os seus valores. Todos os seres humanos têm certos valores que dominam suas decisões. Quando você se foca naquilo que te guia, você precisa dar uma atenção especial aos seus valores. Uma pessoa que valoriza a saúde gastará mais tempo em se alimentar melhor e com exercícios físicos do que uma pessoa que valoriza a carreira e vice-versa. Consequentemente, quando você está buscando algo você precisa saber se isso está de acordo com os seus valores. Se não estiver, você não conseguirá continuar por muito tempo, porque os seus valores tirarão toda a sua motivação.

Não existe nada que determine os seus valores, e eles podem vir de múltiplas origens como: família, amigos, parentes, escola, professores, a nação e até mesmo a mídia. Você absorve todos esses valores através das experiências, momentos de dificuldades, abuso emocional ou por outras experiências que você passa. Quando você tem problemas para se motivar você precisa **focar nos seus**

valores e entender o porquê certos fatores te motivame em quais causas te motivam mais. A melhor forma de fazer isso é se perguntar o que importante para você; vida, carreira, relacionamentos ou dinheiro. Quando você organiza isso, você compreende o que te importa mais. Pense em coisas que quando passam por sua cabeça realmente te excite e deixe a sua imaginação correr solta.

Quando você define objetivos alinhados com os seus valores, as coisas ficam mais fáceis, porque você sempre estará motivado a fazer o melhor que pode e você pode alcançar mais pessoas usando seus valores e força interior. Se a coisa mais importante para você for a vida, você certamente será mais consciente em relação a sua saúde, porque você valoriza a vida e por isso quer ficar saudável e feliz. Pessoas que valorizam a vida são mais focadas naquilo que elas comem, bebem, na rotina, estilo de vida e assim por diante. Similarmente, pessoas que valorizam o dinheiro ou uma vida conforto são mais centrados na carreira e elas sempre querem avançar na vida, subir na carreira e ter sucesso e isso as ajuda a conquistar os seus objetivos. Enquanto existem esses fatores que motivam os indivíduos a melhorar o desempenho daquilo que eles acreditam e valorizam, também existem outros fatores que também motivam as pessoas como: elogios, recompensas e até mesmo punições. Esses fatores também são chamados de **motivação extrínseca**, porque eles não são coisas internas dos indivíduos, eles agem externamente. Muitas pessoas se motivam quando recebem recompensas e isso melhora a performance delas. Nós vemos muitos ao nosso redor que se motivam quando recebem algum tipo de recompensa que impulsiona suas performances de uma forma positiva. Para alguns isso pode funcionar porque eles são motivados pelo conceito de recompensa e eles se sentem melhores quando estão recebendo recompensas. Se você é alguém que fica motivado com recompensas, você definitivamente deve se recompensar quando você atingir certos objetivos para que você consiga chegar à meta final. Por outro lado, existem outros que são motivados por falhas e punições. Esses indivíduos ficam mais motivados quando eles estão por baixo e são incapazes de alcançar os seus objetivos. Ao invés das falhas desmotiva-los elas os motiva a fazer melhor.

Existem alguns fatores que podem te desviar do seu caminho e também existem aqueles que podem te deixar mais próximo. Esses fatores trabalham inconscientemente em nossas mentes, pois nossos valores os controlam. Às vezes esses fatores não funcionam do jeito de que deveriam. Isso pode acontecer porque falta energia ou porque você está pensando em múltiplas coisas ao mesmo tempo ou você claramente não é honesto consigo e opta por coisas erradas que você não valoriza de verdade.

Acabando com os Mitos da Motivação
Agora que nós estamos falando sobre motivação e como ela pode te ajudar a alcançar os seus sonhos e objetivos da sua

vida, tem uma coisa que você precisa saber. Motivação tem um significado diferente para cada pessoa e isso significa que existem muitos equívocos sobre ela. Então antes de começar a motivar a si mesmo você precisa compreender o que é verdadeiro e falso, porque se você está confuso sobre a motivação, você pode acabar ainda pior do que quando começou. Nem tudo o que você lê sobre motivação é verdadeiro isso também depende de que quem está escrevendo as coisas motivacionais que você quer ler. Aqui estão alguns mitos sobre a motivação que você deve saber para te ajudar a se manter motivado.

Algumas Pessoas Nascem com Isso
Bem, isso não é um mito, mas certamente essa frase precisa de correção. Não são algumas, mas todas as pessoas nascem com ela. No entanto, algumas pessoas são motivadas e isso significa apenas que elas ficam motivadas com mais facilidade, enquanto algumas levam mais tempo para isso. Geralmente, nós somos inconscientemente ligados aos nossos

valores e, portanto nós precisamos saber exatamente quais são nossos valores, porque eles nos ajudam a nos mantermos motivados. Então, se você achar que algumas pessoas nascem motivadas e você não, então você estão com uma noção equivocada de motivação na sua cabeça.

Você Precisa se Manter Positivo, Sempre.
A positividade pode prover uma tremenda quantidade de energia que te leva a fazer as coisas de forma melhor e com sucesso, mas a motivação nem sempre está relacionada com a positividade. Existem pessoas que se motivam com suas falhas e elas querem dar o seu melhorquando estão desanimadas. O medo, infelizmente, também é um grande motivador que é frequentemente subestimado, mas funciona como mágica. Se você teme perder algo que você valoriza e estima você irá trabalhar duro para reverter a situação para não perdê-lo. Por exemplo, o medo da morte motiva os obesos a cuidar de seus corpos, dieta e estilo de vida, tentando melhorá-los. Similarmente, quando você está sem dinheiro e você tem

um hipoteca, você trabalha em dobro para garantir que você ganhará mais dinheiro e resolverá seus problemas dessa dívida.

É Importante ter Motivação Antes de Agir
Normalmente se é acreditado que você precisa estar motivado antes de fazer algo, mas isso está muito errado. Muitas pessoas esperam pela motivação que irá lhes permitir a fazer as coisas, mas essa espera pode levar a vida toda e ela pode nunca vir. Bem, você não precisa esperar por motivação, porque depois que você começa você se sente motivado a ir mais fundo. Motivação é basicamente significa ação e quando você age, as coisas começam acontecer e você cria ainda mais motivação a partir disso o que pode impulsionar as coisas para frente. Então não espere o ônibus da motivação chegar, apenas faça aquilo que você quer fazer.

É Importante Ficar Motivado Todo o Tempo
Bom, isso pode ser verdade com algumas pessoas, porque elas realmente ficam motivadas o tempo todo, mas isso não se aplica a maioria das pessoas. A vida é

cheia de altos e baixos e haverá momentos em que você estará desapontado e desanimado pelo jeito que as pessoas e a vida tratam você. Isso não é necessariamente uma coisa ruim. É bom ter altos e baixos na vida, porque você aprende com as experiências ruins e segue em diante, sempre melhorando. O mais importante é que você não tire os olhos de seus objetivos. Levante-se novamente e continue seguindo em frente.

Os Preguiçosos Não Têm Motivação
A preguiça normalmente é vista como um sinal de falta de motivação. Bom, isso não é verdade, porque até mesmo os preguiçosos podem ter certos objetivos em suas cabeças. Por exemplo, um ou uma estudante de faculdade podem ser menos animados para escrever ou para limpar seus quartos, mas eles estão sempre animados para sair com os amigos e festar a noite toda. Isso porque eles valorizam mais os amigos e as festas do que arrumar o quarto. Ou seja, até mesmo os preguiçosos têm certas motivações e dizer

que eles não as têm é completamente errado.

Eu Tentei, Mas Não Deu Certo
Bem, muitas pessoas acreditam que tentar é tão bom quanto motivação, mas isso não é verdade. Por exemplo, existem muitos fumantes que querem parar de fumar e eles tentaram isso por toda sua vida, mas eles ainda estão fumando. Por outro lado existe outro grupo que já deixaram o cigarro e não são mais fumantes. Tentar não é o mesmo que motivação, porque tentar define uma ação que ainda está incompleta. Esses fumantes não estão motivados a parar de fumar, porque eles não valorizam suas vidas. Por outro lado, os fumantes que valorizam a vida e entendem sua importância são motivados a trabalhar para ter uma saúde melhor e eles tomam uma decisão consciente de parar de fumar e eles conseguiram realizar isso. O mesmo se aplica àqueles que querem perder peso, alguns estão tentando por anos sem resultado e alguns conseguiram alcançar esse objetivo. Então

definitivamente tentar não é o mesmo que motivação

Dicas Pare Ter um Estilo de Vida Motivado

Todos sabem que a vida nunca é a mesma. Nós todos passamos pelas conquistas e batalhas da vida e é isso que a deixa interessante. Ter um estilo de vida motivado é uma coisa boa, porque não importa o que a vida coloque em seu caminho você está motivado a continuar sua jornada e garantir que você nunca tire os olhos do seu objetivo. As pessoas reagem de forma diferente às situações difíceis e é essa reação que muda completamente suas vidas. Alguns ficam mais motivados do que nunca e outros desistem e ficam depressivos o que afeta profundamente a qualidade de suas vidas. Então, como você faz para ter certeza que está levando uma vida motivada? Aqui estão algumas dicas que podem te orientar.

Abordagem Realista
A vida é dura e não perdoa. Você pode sofrer consequências quando você comete erros. E não tem nada de errado nisso, pois todos nós sofremos e cometemos erros. No entanto, o que é mais importante é que nós sejamos realistas e estejamos cientes de nossas limitações. Você deve aceitar que existem problemas na vida e que você irá enfrentá-los. Quando você foge dos seus problemas os seus medos e preocupações aumentam e ficam maiores do que você tinha antecipado. Quando você é realista você se foca apenas nos seus problemas. Muitos culpam os outros por suas frustrações, falhas e desapontamentos e isso leva apenas à raiva e negatividade. Ao invés de ficar jogando esse jogo de culpa, foque no seu problema e em como você pode resolvê-lo. Quando você é realista sua mente fica mais forte e você enxergará as respostas para o seus problemas.
Acredite que Você Pode
Se você não acreditar que irá conseguir, ninguém mais irá. É importante que você

se aceite e se ame assim as coisas irão lentamente acontecer do jeito que você quer. Você deve acreditar que você tem talentos, habilidades e potencial para fazer as coisas acontecerem e que você irá conseguir. Isso não irá apenas estimular a positividade em você, mas também te motivará a valorizar a si mesmo e você fará mais para conquistar o que você quer. Autocrença é uma poderosa ferramentaque irá produzir autoconfiança que por sua vez produz motivação e inspiração para o sucesso. Você deve ler biografias de grandes líderes e empreendedores que foram abatidos pelas lutas, mas eles acreditaram em seu potencial e habilidades e alcançaram o topo.

Fique com a Positividade, e Conviva com Pessoas Positivas

Tomar uma pequena dose de positividade é importante quando você quer levar um estilo de vida motivado e, portanto é recomendado que você esteja associado com pessoas com atitudes positivas. Quando você está cercado de pessoas de pessoas com atitudes e mentalidade negativas você apenas recebe sentimentos e pensamentos negativos. Isso pode te desanimar e você pode acabar pensando que não consegue realizar as coisas que você quer. Além disso, as pessoas mentalmente negativas tentam te induzir medo na sua mente e coração e te impedem de correr riscos e de concretizar as coisas que você quer realizar na sua vida.

Mantenha uma Percepção Positiva
Você já ouviu a frase "aquilo que vês é aquilo que obténs"? Bem, nós sempre vemos essa frase quando contratamos algum serviço. No entanto, o mesmo de vale para a vida. Se você vê a vida como se ela fosse apenas dificuldades e lutas, sua vida virará uma luta. Se você enxergar isso como uma jornada onde você tem que viajar através de altos e baixos, então isso se tornará uma jornada. Se você vir isso como um lindo presente e cheio de bênçãos, você encontrará a beleza e benção em sua vida. Você pode pensar em várias maneiras de motivar a si mesmo,

mas se você não tiver uma perspectiva positiva da vida você não irá muito longe.

Aprenda com as Experiências Ruins
Quando você está motivado você tira proveito de tudo em sua via, até mesmo das experiências ruins. Pessoas de sucesso sempre aprendem com seus erros, porque as falhas e erros são os degraus do sucesso. Quando você está motivado você não sente medo de correr riscos, você se foca no seu objetivo final e não no fracasso. Quando você falha, você pode se sentir desapontado, mas ao invés de ficar frustrado e arrependido com suas atitudes você precisa aprender com as experiências ruins e ter certeza que você não cometerá o mesmo erro. Desse jeito você melhora a si mesmo e avança em sentido de alcançar o seu objetivo.

Aprenda a Soltar
Quando você pensando em como levar um o estilo de vida motivado você deve se focar em deixar a negatividade ir embora de sua mente. Quando você guarda muita raiva, rancor e desejos ruins você não consegue prosseguir, porque o fardo de

tudo isso é muito pesado e isso não te permite avançar. Perdoe as pessoas que não conseguem enxergar o seu objetivo, seus talentos e habilidades e mantenha uma consciência limpa, porque machucar alguém irá apenas fazer você sofrer depois. Foque no seu objetivo e continue avançando.

Grande Sonho, Grande Vitória
Você é aquilo que sonha e se você tem sonhos você com certeza deve transformá-los em realidade. Para isso você precisa trabalhar duro e fazer as coisas acontecerem do jeito que você quer. Mas claro que nem tudo acontece do jeito que você quer, mas você aprende com seus erros e falhas e continua andando. Eventualmente você será conseguirá o sucesso, porque você está motivado a alcançar os seus sonhos. Fique em pé na frente de um espelho e se veja como um vencedor, e não como uma decepção. Quando você se vê como um vencedor, você sonhará alto, conseguirá uma grande vitória e conquistará tudo aquilo que estiver na sua mente.

Divirta-se!
A vida é séria, mas ter um pouco de diversão não irá te matar. Sempre mantenha o bom humor e sempre sorria, porque isso atrairá mais pessoas positivas para perto de você. Quando você ri e aproveita o tempo que lhe é dado, você espalha felicidade e positividade para aqueles que estão a sua volta e você receberá o mesmo em retorno. Da mesma forma, se você ficar triste e deprimido, Você apenas espalhará a tristeza e a negatividade e eventualmente as pessoas se afastarão de você.

Como Resistir à Tentação na Sua Vida Diária

Tudo na vida é sobre as escolhas que fazemos e, portanto nós precisamos ficar focados e motivados até nós conquistarmos isso. As tentações aparecem todos os dias e elas podem nos desviar de nossas metas e conquistas. Gastar demais, comer demais e beber demais pode levar a várias complicações que nos envolvem em várias coisas que podem nublar nossas mentes e nos impedir de nos focarmos em nossas metas e conquistas. Consequentemente, é importante que saibamos como resistir às tentações e nos mantermos fiéis às nossas metas e objetivos da vida.

Distraia-se

As tentações podem nos atrair coisas que podem parecer boas e nós podemos acabar seguindo-as cegamente, mas nós devemos ter autocontrole, distrair nossas mentes e pensarmos em outras coisas. Existem muitas coisas na vida que podem nos distrair, mas se você tiver autocontrole e força de vontade conseguirá pensar em várias outras coisas que realmente importam na vida e dessa forma você pode ter certeza que nunca cederá às tentações. Por exemplo, se você está focado em perder peso; não vá a restaurantes onde se encontra alimentos sem qualidade e calóricos. Mesmo que você os visite, tenha certeza de pensar em alguma outra coisa e mantenha sua mente ocupada com coisas importantes.

Atenha-se aos Seus Planos
Se você fez planos tenha certeza de se ater a eles, não importa o que aconteça. Não mude seus pensamentos e não ceda às tentações. Inicialmente pode ser difícil resistir às tentações e é ai que você precisa ser forte, porque se você fizer uma vez, você fará isso sempre. Sempre faça planos que podem te ajudar a ficar determinado naquilo que você quer fazer na vida e mantenha a motivação para executar esses planos.

Fique Ocupado
Se você se sente tentado com facilidade, você deve ser manter ocupado. Assim você não terá tempo para sentar e pensar em coisas que te tentarão. Um bom jeito de lidar com isso é montar um cronograma para sua rotina que tenha reservado alguns minutos para você mesmo. Embora, ficar ocupado pode drenar sua energia, mas pelos menos isso te manterá motivado e focado e você pode rapidamente dar continuidade aos seus planos para alcançar suas metas.

Fale Consigo Mesmo
Ninguém pode tentá-lo a não ser você mesmo. Bem, existem muitas distrações e tentações nesse mundo, mas nenhuma delas têm o poder de te distrair. Se você se sentir tentado você sempre pode conversa consigo mesmo sobre isso. Quando você se sente tentado normalmente você conversa consigo mesmo e você se convence e racionaliza que está tudo bem fazer certas coisas. Similarmente, você também pode falar consigo mesmo e se convencer a não fazer isso, não importa onde você esteja. Por exemplo, se você decidiu parar de fumar e você ver seus amigos fumando, você pode dizer a si mesmo que você não precisa fumar, porque isso impactará negativamente sua vida.

Conclusão

Desenvolver autodisciplina é essencial ter para uma vida de sucesso, conquistas e alegrias e não há alternativa para isso. Você deve ter certeza de controlar os seus pensamentos, palavras e ações e eles podem se transformar em situações que te ajudarão a progredir na vida. Você também precisa ter um grande autocontrole em como você conduz a vida todos os dias e ao invés de se deixar se atrair por tentações você deve manter o foco e a motivação para te ajudarem a levar a uma vida de sucesso.

Acima de tudo lembre-se se aproveitar a vida. A função da disciplina é nos ajudar a ter uma vida feliz, cheia de conquista com o pouco tempo que nos é dado.

www.ingramcontent.com/pod-product-compliance
Lightning Source LLC
Chambersburg PA
CBHW071904070526
44583CB00016B/1840

PRACTICAL MINIMALISM

HOW TO LIVE YOUR HAPPIEST LIFE THAT IS
MEANINGFUL AND ABUNDANT BY MAKING
MINIMALISM WORK IN A WAY THAT WORKS BEST
FOR YOU EVEN IF YOU ARE A HOARDER

JESSICA ADAMS

CONTENTS

Introduction	v
1. The Art of Minimalism	1
2. Hoarding	15
3. Let's Get Started	29
4. Minimalism: Home	42
5. Minimalism: Workspace	59
6. Minimalism: Self	80
7. Budget Like A Minimalist	95
8. Minimalism: Life	112
9. The True Meaning of Life	126
Afterword	139
References	143

INTRODUCTION

In today's world, consumerism seems to be the defining force that touches everyone's lives. This doesn't just mean being lured by a constant influx of advertising, but the scary fact that people actually believe that they need to possess more of everything to be truly 'happy'.

But the pursuit doesn't end with possessing more. If anything, it leads to a vicious cycle of possessing even more, discarding outdated, (though very usable stuff), and then possessing some more.

When happiness and success get measured by the number of things one owns, it's not hard to see how the true meaning of life escapes many of us.

But those who find themselves overwhelmed by this

never-ending cycle, look elsewhere to bring some calm and rationality into their lives. And one of the ways people have actually been able to reintroduce sanity and common sense back into their lives is by turning to minimalism.

Minimalism, by itself, is not a new concept but has only become mainstream quite recently. Very briefly, it works by the idea of possessing less, among other things, and keeping life simple. But physical belongings are only one part of the equation. Minimalism goes way beyond how much stuff you own.

It delves into things like how you spend your time, for instance. It questions your spending habits and how wisely or unwisely you spend your hard-earned money. It even asks you to investigate the relationships you hold; whether the people you associate with the most add anything of value to your life, or if they hold you back from being who you truly are.

So, you see that minimalism is an entire lifestyle rather than simply chucking out excess belongings and living with scarcity. But, at the same time, minimalism is also rather relative. It may mean one thing for one person but another for someone else. How so? Here's an example.

Are you looking to make your life just a tad bit easier by clearing out the space in your home? Perhaps you wish to travel more and lighter without being tied to commitments and obligations back home? Or, maybe you just want to do more of the things that you enjoy most such as paint, cook, get creative, but don't have the time for?

Minimalism lets you make that time for the things that you enjoy. When you get rid of the distractions around you, be it too many things in your home, too many appointments on your calendar or too many working hours in the week, you can learn to create the time and space you need to enjoy the simple things in life.

My journey to minimalism was much like a roller coaster ride itself. There were emotional highs and lows with attempts to justify holding on to certain items and then sensations of utter and complete freedom when I let many of my belongings go.

In the end, it was the freedom to live life on my terms that did it for me. I was no longer held hostage to the 'spending and buying' spiral. I was happy with what I had, had no intention of competing with others, and certainly did not miss any of the things I learnt to let go of.

And this is exactly what I wish to share with you in this book. Together, we will look at a step-by-step process to declutter your physical, mental, and emotional clutter so you too can uncover the true meaning of life.

The process is simple yet complex. Simple, because once you make up your mind to get rid of excess clutter in your life you can then savor the joy of being and staying organized. You can be more prudent in how you manage your finances and really learn to value your experiences over your belongings.

Complex, because all this is easier said than done. If you love to shop obsessively, you'll need to cut that out. If you feel you have to attend every event you're invited to, you'll have to trim that down. If you love dining out all the time, you'll have to turn to eating more at home with a solid meal prep plan in place.

After all, we are all creatures of habits, and old habits die hard goes the popular saying.

Now, I understand that it may seem like you have to change everything about the way you live or many of your existing habits, but the thing is that once you do, you'll find it much easier to do many of the things you setup as your ultimate goals- be it less clutter at home, travel far and wide, or spend more time with people who matter.

When you reach that point, you will no longer compare what you have to what others have, since it won't matter. All that will matter is that owning less makes your life better.

And then, of course, there is your health. Winding down your expenses, obligations, improving time management will all inevitably lower any stress levels that refuse to unlatch otherwise.

Just look at all the evidence science presents. There is a myriad of clinical studies and research that points to the benefits of leading a stress-free life. Stress affects your health, your mind, your outlook on life and so much more. Simply taking the time to remove stressful triggers from everyday life can help you get a better perspective on so many levels.

In fact, minimalism can really help you get your health back on track. Yes, it will lower your stress levels in many facets of your life, but it will also give you time to work on your health proactively as well. Say, you enjoy working out but never seem to have the time to so.

Now, you can actually clear out your otherwise busy schedule and make time to exercise. Or, say you enjoy going out for walks but at the end of your hectic workday, there is just no stamina left for anything. Minimizing your calendar and improving your time management skills will help you go out for those long-yearned walks as well.

And when you do yourself a favor by simplifying your lifestyle you can also extend that favor to others. Minimalism, inherently, is good for the environment. When you consume less, there is less packaging to deal with. When you live in a smaller house, you leave a smaller carbon footprint. And when you change the way you travel; you help the environment as well.

Right now, all this may seem too much to handle but as we progress forward in this book, I will help you with strategies to reassess your priorities so you can successfully shrug off all that is excess in your life.

Anytime you decide that 'enough is enough', is when you start on your journey to minimalism.

To get started, I am glad that you decided to share this journey with me. In this book, I will walk you through all the different areas that you can work on to simplify your life a little more. Of course, these will vary for every reader individually, but the gist remains the same and that is to declutter just a little more every time until the clutter disappears totally.

So, to embark on a healthy, stress-free life, read on to the first chapter.

1

THE ART OF MINIMALISM

When you hear the word minimalist, what's the first thing that comes to mind? Is it someone traveling the world full-time with nothing but a backpack holding all their belongings? Or perhaps it's someone living in a studio apartment with nothing but a bed and table furnishing their entire living space? Maybe minimalism to you means a nomad with no car or TV, owning 50 items or less, and being thrifty spending as little money as possible.

Before you go nodding your head in agreement, know that these are nothing but stereotypes. Stereotypes created by those who know little or next-to-nothing about minimalism. Those who may be turned off by the concept of owning no worldly belongings or others who abhor the idea of downsizing will consider nothing but stereotypes when defining minimalism.

That said, yes, there are extreme minimalists who actually don't own any more than 50 personal belongings, but such individuals are few and far between. Some that you may actually have heard of include Steve Jobs, Leo Babauta, and Andrew Hyde, although admittedly, Hyde only does possess a grand total of 15 items.

The point I'm trying to get across is that for most people, minimalism doesn't have to go to that extreme. Instead, most people can conform to minimalistic principles by simply downsizing their frivolous belongings.

To borrow the words of Joshua Becker, one of today's prominent minimalist advocates, the idea isn't to remove things that you love, it's about removing things that distract you from the things you love. As such, minimalism has more to do with the mindset and not so much the stuff. Although, getting rid of excessive stuff is a great starting point.

Now that you've got the stereotypes out of the way,

you can really look at what a minimalistic lifestyle encompasses.

What is Minimalism?

At its most basic, minimalism is intentionally living with only the things you really need. It's a practice that reduces the 'clutter' in your life and is marked by clarity, purpose, and intentionality. This clutter refers not only to excessive belongings and stuff that one may possess but also on how to eliminate the unnecessary in everything to better focus on what matters most in every aspect of life.

To devise an exact definition for minimalism is not easy because it means something different to everyone. However, the common denominator is that a minimalist lifestyle encompasses a lack of attachment to material items. Most minimalists, regardless of where they are on the minimalism spectrum, try to live their lives without unnecessary junk holding them back.

What do I mean by 'minimalism spectrum'? Well, it simply means that not every minimalist is the same. There are a few broad categories which can be divided as the following:

For instance, **aesthetic minimalism** follows a lifestyle where the home stays well-organized and free of clutter. It doesn't focus on *owning less* but putting *less on display*. This kind of minimalism presents a clean, crisp living space, with minimal furniture, few or no adornments, and a general preference for neutral colors. Much of what these minimalists own is tucked out of sight so that the mind remains calm and doesn't get distracted by clutter.

Essential minimalism, on the other hand, focuses on wants as opposed to needs. Such minimalists learn to declutter by asking themselves how much they can actually live without. The essentialism philosophy applies to everything from clothing, food and supplies, to everything in between. These individuals prefer quality over quantity in every aspect of life, meaning they look for durability in what they possess and not how much they possess.

Experiential minimalism is perhaps the most stereo-typed kind. Also known as backpack minimalists, such individuals can actually fit their life's belongings into a bag and be out the door at the whim of an adventure. This kind of minimalism encompasses the idea that experiences are way more valuable than things. Such minimalists own very few possessions, don't live at home, and also go by the name of nomads.

Sustainable minimalism dedicates all its focus to the environment. Also known as eco-minimalism, this lifestyle reflects green living and zero waste. Such individuals practice whatever they can to limit their carbon footprint on the planet. To help the environment they prefer engaging in DIY projects and like to live off the land.

Thrifty minimalism embodies less spending as its core. Within this lifestyle, habits are gauged by a specific financial mindset. People who are thrifty minimalists can be seen shopping at thrift stores, although many would prefer to keep the things they own instead of buying new ones. They prefer repairing things to getting new ones, may prefer shared accommodation to save rent, or ride a bike rather than own a car.

And then there is **mindful minimalism**. This strain of minimalism focuses on purpose and intention. These individuals find spiritual enlightenment by getting away from all the redundant and inessential stuff in life. Considered as more hardcore minimalists, this lifestyle is for those looking to find inner peace and balance. It may include a spiritual journey that involves daily meditation and deep contemplation. However, this is not for everyone and most people who follow a minimalist lifestyle are somewhere in the middle.

But regardless of where you are on the spectrum, minimalism defies 'consumerism' in every possible sense. Consumerism based on its textbook definition is the human desire to own and obtain products in excess of one's basic needs and is considered the prime culprit of hoarding in our modern-day lives.

Modern culture has brought with it the lie that things make up for happiness; that is, the more things you have the happier you will be. Today, most of us have been conditioned to believe that material possessions bring happiness. As a result, buying things in excess or getting stuff we don't need has become a habit.

In contrast, minimalism brings freedom from this passion to possess. It is a practice where 'less is more' is the guiding mantra, but exactly less of what? It's a complete shift of the mindset where you may initially start off by decluttering your home but will end up streamlining your schedule, prioritizing your relationships, and filtering things differently from a built practice. It's a simple life with less stress, less stuff, and more purpose.

Benefits of Minimalism

Minimalism takes many forms, whether it's clearing out your closet, your calendar, or your commitments. So, what can you hope to achieve by incorporating minimalism in your life? Along with the obvious upside of having less clutter, there are deeper and wider benefits. Here's a few:

- Clarity of mind
- More freedom
- Less stress
- More time
- Less fear of failure
- More confidence

Now some of these may seem obvious enough, but what about the others? For starters, purging your drawers and closets has a satisfying effect. The anchor holding you down, making you too afraid to let go of things takes a toll on your mind. It makes your living space messy, cramped, perhaps even claustrophobic. Maybe you're afraid to have guests over unexpectedly, too scared that they'll see your hoarding habits.

It's true that chaotic environments cause tension. And cluttered spaces are a just cause for tension. When you can't find the simplest things such as a pen, a pair of tweezers, or the keys in their usual place, it's bound to bring on some tense moments.

Decluttering and organizing has a truly liberating effect. Getting rid of unwanted or unused stuff feels like relief. You get a cleaner, more organized living space and a fair bit of peace of mind along with it. Plus, when you let go of stuff, you no longer feel pressurized to keep up with trends.

As you work your way into other areas of life you will find that now you have more time, more freedom, and more confidence to move about freely and do the things that you enjoy.

At its most basic level, by spending less, you're saving more. Another aspect is time. With less time spent on cleaning, organizing, worrying about what to buy next, you can now designate more time to things you actually enjoy.

Minimalism gives you the perfect chance to focus on what's important and meaningful. For instance, if you care for the environment, then minimalism may be your true calling.

In fact, environmental damage has probably been one of the most prominent effects of consumerism. Landfills are flowing, the oceans are polluted, and air quality is on the decline. Choosing to live a minimalist lifestyle allows environment enthusiasts to take a stand against pollution. Many minimalist refuses to buy items with wasteful useless packaging that does nothing but fill up landfills. For this demographic group, minimalism offers a feasible solution.

Overall, minimalism takes a bold step-away from consumerism and dares to seek contentment elsewhere. It reminds you that you already have what you need and prompts you to be grateful. It is freedom to disengage, eliminating excessiveness and frivolity.

In a nutshell, minimalism is not about downsizing for the sake of less. Instead, it's downsizing for the sake of more; you get more time, have more energy, and enjoy more freedom. It's all about living intentionally, being selective in what you choose, and following a lifestyle that is as simple as possible. There's no single right way to become a minimalist you just have to see what works best for you.

History and Origin

What started as an art movement in the 60's with a focus on extreme simplicity on form has now evolved into a comprehensive life philosophy. But interestingly, the first references to minimalism had nothing to do with defining a style of living. In fact, it had nothing to do with clutter or belongings at all.

The term minimalism first became popular in the 50s and 60s for simplistic trends introduced in music, art, and design. The idea was to remove everything excessive leaving behind only the instrument or design pieces of focus. As minimalism became popular in design and architecture, it started to foray into other aspects of living as well. The initial reaction was how visually appealing minimalism could be in art but when applied practically to lifestyles, people started to appreciate how 'less means more' in a cluttered lifestyle.

But trying to outline the history of modern-day minimalism without referring to the rise of consumerism would only be a tale half-told. So, first here's a very quick look at how and when consumerism became mainstream and how it ties in with the philosophy of the contemporary minimalist lifestyle.

As a modern-day life philosophy, consumerism holds its roots in the Industrial Revolution of the 18th century. This is the time when industries moved from handmade products to machines and started mass producing. The mass production lead to overproduction, triggering new ways to make people buy things they didn't really need, aka advertisement.

As a result, today's consumerist culture involves spending more on consumer items instead of savings or investments. Consumers also buy these items to keep up with shifting trends and constantly looking to upgrade the quality of products and services. Another aspect is that people buy goods and services to publicly display their economic power; buying them just for fun and pleasure, without a plan or a budget.

A more recent sign is celebrity worship. This means following social media accounts of favorite celebrities and purchasing the same brand of products that they use or endorse. Pair it up with digital advertisements that have only gotten smarter, and there's no end to how much people will spend.

Online advertisements highly focus on what a person is likely to purchase based on their browser history and previous purchases. Sure, new purchases may provide instant or even short-term gratification, but when the sense of joy or excitement associated with a new purchase diminishes, so does any sense of purpose.

The result is a cluttered living space with unused objects that no longer serve any meaning. And now it is this overwhelming effect of spending too much that has nudged many people in the direction of minimalism. The realization that you can be happy and satisfied without owning a lot of stuff offers a way out of the overpowering consumerist mindset.

Some Prominent Minimalists of Our Times

Other than the history and origins mentioned above, if you think about it a little harder, you may find that minimalism actually dates back to thousands of years. Looking back at prominent historical figures and leaders it's not hard to see that these men and women lead extremely simple lives dedicated to their cause alone, with not too much need for worldly possessions and belongings.

Perhaps the most profound example among such individuals is none other than Mahatma Gandhi. Gandhi, known for his simple lifestyle is considered one of the greatest leaders of his time. And he naturally understood the immense power of keeping things simple.

Upon his death, Gandhi is known to have possessed less than ten worldly items including his glasses, watch, sandals, and an eating bowl. Despite being India's greatest leader at the time, he didn't even possess a house. Some consider him as the ultimate minimalist who advocated accumulating little, eating simple food, and wearing simple garments. Meditation was in his daily routine with hours spent on reflection and prayer.

With a singular focus on the essential, Gandhi also dwelled on the metaphysical in relation to matters of the mind and spirit. Other prominent leaders also practice minimalism but in a slightly different way.

Names like Cesar Chavez, Martin Luther King, and Nelson Mandela come to mind. Although their lifestyles were very different from that of Gandhi, they are still considered minimalists in the sense that they lead simple lives, didn't have much consideration for outward appearances, and definitely had something that they believed in to work for as a cause. Devoting their efforts to a cause removed the element of the desire to possess worldly items. Their cause became their minimalistic approach and their belief to make the world a better place added to their cause.

Such great thinkers and doers found value and purpose in frugal living, simple thinking, and prioritized needs over wants. Their success came from the fact that they were able to focus solely on what really mattered. Their purpose was well-defined, their actions well-disciplined, and commitment well-rounded with no distractions.

Political figures such as Martin Luther King and Nelson Mandela defined their influence not by material things but by the legacy they left behind. They completely owned the power of their ideas and values and applied them to the common cause of progress. These men, defined by their actions and not by the money they made, trained themselves to focus on only what was important and remained aloof from other distractions.

Since minimalism teaches people to focus on what's important their focus became their strength. These power figures stuck to the truth, inspired others and made these qualities their strength.

2

HOARDING

It's true that many of us have belongings we consider special. These are items we want to save either because of emotional attachment or because we believe that they could be useful in the future. Sounds reasonable enough, doesn't it?

Now, ask yourself how you feel about your possessions. Do you feel upset or anxious at the thought of throwing or giving things away? Do you find it hard to decide what to keep and what to get rid of? Do you even value everything that you own?

If you have a hard time identifying things which are worth spending your money on or you're surrounded by immense piles of things when at home, in your office, or even when engaging in a hobby, you may have a hoarding issue.

To understand this term better, hoarding occurs when you struggle to discard items and collect unnecessary objects. Overtime the inability to throw things away can overrun the pace of collecting.

But hoarding and collecting are not the same thing. Even though often used interchangeably, the two are quite distinct from one another. Collecting, an otherwise healthy enterprise, can become a deadly one when it crosses the line into hoarding.

Hoarding vs Collecting

Let me reiterate; hoarding is *not the same* as collecting. A collector, in general, has a sense of pride about their possessions. If anything, collecting is a healthy outlet and an activity which keeps people connected to the world around them. Collectors experience and express joy when displaying and talking about their collection. Collectors also keep their collection organized, feel satisfied when adding to it, and budget their time and money wisely.

A hoarder, on the other hand, also has a collection of things. But this is where the similarity stops. People who hoard do not organize their stuff and keep it cluttered instead. Their collection of items is often scattered all over their living space, sometimes so invasive that it prevents rooms from being used for normal activities. Hoarders also experience some degree of embarrassment about their possessions and feel uncomfortable when others see their things.

Unlike collectors, who take joy in adding to their collection, hoarders feel guilty or ashamed after acquiring additional items. Any motivation to display their possessions is lost, yet the drive to add more urges them to buy new things that only end up in the pile. They don't budget wisely either and are often in debt.

It is this aspect of accumulating stuff; leaving the safer realms of collecting while stepping into the danger zone of hoarding, that is of extreme concern. At its worst, hoarding is categorized as a mental disorder.

This is known as hoarding disorder; this is a mental health condition characterized by excessive collection of unnecessary items. Hoarders have a lot of difficulty discarding or parting with personal possessions regardless of their actual value.

The clutter causes extreme distress and affects the

quality of life in an adverse manner. Now, remember that this is an extreme condition where your home becomes practically non-livable. And if someone tries to help, hoarders will become upset and jeopardize their relationship with that person.

Define your Premises

Most people who simply collect a lot of stuff while their home is still functional, are not considered hoarders. If you find questioning yourself whether you are a hoarder or not, even considering this possibility means you may be harboring some hoarding tendencies.

However, the good news is that with the right help you can set your home and life in order. And perhaps the first order of the day is to define your premises. Think about whether the confusion at your home is simply a 'mess' or is it 'clutter'?

If 'mess' and 'clutter' sounds like the exact same thing then let me help you out. A mess is something you can do something about. If your kitchen is a mess you can put things away and clean it up. In other words, there is a designated spot for everything to go. You just need to put it there.

If there's clutter in your kitchen, you'll need more

than just to clean it up. Clutter doesn't really have a place to go yet. It is just stuff piled up with nowhere to go. Clutter tends to collect in places designated for other purposes such as tabletops, the hallway, or the floor. It quickly starts taking over living spaces in homes including kitchens, living rooms, bedrooms, and basements.

But even with so many things collecting around, living spaces are still usable. The biggest problem here is that clutter tends to return repeatedly.

It's only when your home becomes non-livable by things obstructing the ordinary use of living areas that you're in real trouble. Instead of providing living space, your rooms turn into a storage facility. Hoarding will block your entryways, make it impossible to navigate through one room to the next without stepping over stuff, and living conditions become unsanitary and squalid.

At this stage hoarding not only interferes with daily activities it makes living at home downright impossible. But why venture so far ahead in your misadventures? If you feel that your hoarding tendencies are on the rise, then here are some of the most common signs to watch out for.

Symptoms of Hoarding

As has been established before, hoarders find it very difficult to part with *anything*. But since hoarding develops gradually there are warning signs you can keep an eye out for. Self-evaluate your situation by asking the following questions:

- How do you feel when trying to part with items including both valuable and invaluable objects? Hint: if you have hoarding tendencies, you'll find it difficult to make this distinction.
- Do you have a hard time finding important items amid all the clutter?
- Do you end up buying more of the same item because you can't locate the first one?
- Is it hard for you to let go of items fearing that you might need them someday?
- Do the things you hold on to have emotional value?
- Do you tend to stockpile free items or other unnecessary things?
- Are all your belongings making you distressed yet helpless?
- Do you blame the excessive clutter on the

lack of space available or a lack of organization?
- Have you lost living space to clutter making it difficult to use the rooms for their intended purpose?
- Do you avoid hosting people because of the number of things you have around the house?
- Is your home in need of repairs because of the clutter, yet you don't want to let anyone into the house to fix anything?
- Are you having conflict with other members of the family because of the number of things you possess?

Answering "yes" to even a few of these questions indicates that your clutter is getting out of hand and heading straight into hoarder's territory.

The Urgency to Keep Things

Let's tackle clutter first. Typically, clutter can be categorized as **aspirational clutter** where you think you may need something someday, or **sentimental clutter** where there is an affiliation to things. Then there is **abundance clutter** where you like to stock up on things around regardless of whether you'll use them or not. Another type is **bargain clutter** where you can't resist a good sale, a freebie or that 'gift with purchase'.

If clutter bothers you, that's a good sign. It shows that you know you have too many things- way more than you actually need or use. But for people who hoard, that sentiment changes. Oftentimes, hoarders are completely unaware of what clutter is. Instead, they have a persistently difficult time disposing of or giving up things because they feel they must save them.

Just remember that someone diagnosed clinically as a hoarder will find it very difficult to see their situation as a problem. At that point, the only help that can come is from the outside including family members, friends, perhaps a neighbor, and other loved ones. And even when hoarders realize that there is a problem, they may be reluctant to seek help as they feel extremely shamed, humiliated, or guilty about their situation.

If you feel that someone you know needs help, it's very important to encourage seeking that help. If left untreated, the condition can bring about not only loneliness and mental health concerns but also present a health and safety risk.

In some cases, this behavior can be triggered by another medical condition. For instance, an individual with mobility issues may physically be unable to sort out clutter in their living space. The same can also happen to those with learning disabilities. Some common health problems that hoarders may also be suffering from include psychotic disorders, severe depression, and obsessive-compulsive disorder.

Other than medical conditions, hoarding may also sometimes be the result of living conditions. For instance, people who live alone, those who've suffered a deprived childhood, or others with a family history of the condition may be more prone to this habit as well.

In many cases, hoarders will typically justify their actions by beliefs that they may need a thing for the future, or if they buy something it'll make them happy. Other hoarders may simply feel that getting rid of something amounts to wastage. In their mind, they are doing themselves a favor by holding on to their possessions.

In other instances, these beliefs may also extend to other people and circumstances. This can mean that hoarders believe throwing things away will harm other people or the environment.

Effects of Hoarding

Many of the symptoms of hoarding manifest themselves as the effects of the condition as well. For instance, you may find it challenging to find items you already have and end up buying more, only to add them to the ever-growing pile of stuff already at home. Or, you may avoid letting people in given the condition of your place.

In the worst of cases, hoarding can become a health and safety risk. When conditions become squalid, the home becomes prone to infestation. With mounds of food lying around, it becomes a breeding ground for rats, cockroaches, and other pests. In addition, hoarded belongings present a fire hazard.

With items lying around everywhere, stuff starts to block your way in and around the house and may well block your way out of the house as well. You may be unable to reach the fridge, the shower, and other places because of all the stuff piled in and around these areas. So much stuff can also present the hazard of structural damage to your house or apartment. Piles of possessions can collapse and even crush a hoarder because they tend to live in a state of self-neglect.

Getting help for someone who hoards is not always easy as they don't think they need the help. Those who do want to help, need to be sensitive about the issue and emphasize their concerns for the individual's health and well-being. It's important to remember that the problem is not the person but their situation.

How Does Minimalism Fit In?

With the repeated use of words like 'mess', 'clutter', 'excessive belongings', it's not hard to see how minimalism fits into this equation. Hoarding begins with collecting stuff unnecessarily and needs to be controlled by decluttering that very same stuff.

But please do not equate the term 'decluttering' with 'throwing away'. Yes, some things will definitely need to be chucked out such as those with an expiry date, but other items can very well be put to good use. These items can be given away, donated or repurposed to those who can use them.

Remember the part about adding *purpose* and *value* to living by reducing the number of things you own? Well, this donating bit sums that up rather nicely, don't you think? And if you wish to be a little enterprising, you may even sell some of your stuff off for a nominal fee. Maybe hold a garage sale and make some people very happy to take your excess belongings off of your hands at a bargain price.

But the simplest way for most people to start on their journey of minimalism is to take a good look at all the physical belongings they possess. This is a long, filtering process that will need lots of outside assistance, encouragement, and support. And it doesn't happen overnight either.

You need to be realistic- after all, it took you long enough to collect all this stuff. You need a reasonable timeframe to dispose of it in a meaningful way as well.

If you search for ways to go from 'hoarding to minimalism', you will find innumerable articles on the subject written by those who've actually succeeded at doing so. Most will tell you to take baby steps, which sounds like good advice. (Believe me, I've researched enough on the subject to become somewhat of an authority in my own right). Some will even tell you to give yourself up to 3 years before you can fully dispose of things you don't need. Once again, solid advice.

The gist, however, is to change the mindset. Once

you start to declutter, you will realize that this is just the beginning of something great. Taking on minimalism means shifting the way you think. The emphasis is to own less rather than declutter more often.

With the minimalist mindset, you will change your relationship with your possessions. For many people the shifting mindset presents the biggest problem. People declutter and clean their homes excited to take on a more minimalist lifestyle. Yet, a few months pass and there's a new bunch of stuff ready to occupy the place of the old.

To purge, once again, people start decluttering and the cycle resumes. But without changing your relationship with your stuff, it's hard to make the switch to minimalism.

The commitment to living with less involves valuing experience over physical things. It means becoming more intentional about what you buy and getting only those things that will add value to your life. As a reminder, just think of all the time and effort it took to get rid of your excess belongings in the first place. Knowing how much work it took is an excellent motivator to stop yourself from buying unnecessary items anymore.

But perhaps the most rewarding feeling from shifting to a minimalist mindset is the realization that happiness does not come from things. You no longer feel like you always need more, and you no longer tie your happiness to what you own. Instead, you realize that what you have is all that you need.

You feel content with your belongings knowing that they bring value to your life rather than burden you. The concerns of 'what if' and 'just in case' disappear making it easier to let go of things you don't need.

It is when you find that too many things overwhelm and stress you out, whereas they made you happy before, that you know it's time to give yourself a pat on the back. This is because you have now adopted a minimalist mindset with a fair degree of success and are probably ready to get started.

3

LET'S GET STARTED

Once you realize that minimalism is about so much more than living with less stuff, it will automatically bring intention into your life. This mindset will not only allow you to clear your physical clutter but your mental clutter as well.

But what exactly is mental clutter? It's what I consider a way you manage your time, the way your mind is occupied by your commitments, and the way you look at your spending habits to name just a few. You get the idea, right?

Here, let me give you an example. Say, you're not very good at achieving time efficiency. That's okay because not everyone can manage time well. But what's not okay is that ineffective time management usually takes people to a state of avoidance. This refers to having difficulty deciding and you tend to make yourself very busy doing other things. This is nothing but an attempt to fool yourself into believing that you're not really avoiding anything. Instead, the excuse you give yourself is that you're simply too busy to get around to the important things.

This is brain clutter where pesky things which remain neglected tend to linger at the back of your mind. They constantly nag you day after day until you actually get around to doing them.

Minimalism involves clearing both the mental and physical clutter that starts taking over your life. You may well get rid of your physical belongings but until your mind is cleared as well, you can't appreciate the true meaning of minimalism. To achieve and enjoy a minimalist lifestyle you need to have a minimalist mindset along with it. This means clearing your mental clutter and creating a peaceful mental environment to create a minimalist physical space as well.

The first step in this process is perhaps to make your intentions clear to yourself. This means acknowledging *why* you need to make this lifestyle change in the first place. While living with less is very liberating, it's also a big change. And if challenges come up on the way it's not hard to fall back into old habits quickly. So, whether you're making this change as an individual or as a family, you need to pinpoint the reasons for doing so.

For instance, do you want to start with minimalism because you'd like to save some money and get out of debt? Perhaps you simply want to enjoy more space around your home? Or say, you'd like to give more time to yourself and your family and want to experience things? Maybe you feel that your life is too cluttered, and you want a greater degree of peace and simplicity in your lifestyle?

I feel that before you start on your minimalism journey, it's important to answer these and any other questions you may have in your mind. The important thing here is that you're clear with yourself and your family as to why you're making these changes. This will make the transition easier to follow and give you the motivation to continue with your minimalist lifestyle.

But let's get back to the basics first. As I mentioned in the previous chapter, taking baby steps is the way to start. Here is a beginner's checklist to follow and the things you need to do along with a quick description of what to do and perhaps why. These are general guidelines for whichever area of the house you decide to work with first. We will talk about specific areas as we move ahead in the upcoming chapters.

- **Pick one room/zone to declutter at a time.** This is a must as decluttering one space before moving to another will avoid overwhelming yourself and giving up even before you start.
- **Stick to a system.** To prevent ending up with a messier room than when you started, it's important that you designate spots for the stuff that needs to go. An effective decluttering system will have 3-4 designations of 'Keep', 'Donate', 'Sell', and 'Discard'. And also add in 'Recycle' when tackling certain areas of the home.
- **Create a 'Later' box.** If you can't decide to toss or keep an item, then create a 'Later' box. Put undecided items in this box and leave them there for 3 months. If you don't end up opening that box for 3 months, you can't possibly have regrets about letting

these items go.
- **Clear off flat surfaces.** Countertops, tabletops, shelves, and other flat surfaces are highly prone to collecting clutter. A good place to start in any room is by targeting its flat surfaces and going through all the knickknacks that settle themselves on these surfaces. Use flat surfaces for keeping frequently used items only.
- **Go paperless.** Paper is one of the easiest items that collects at home and going through paper purges seriously reduces unsightly clutter at home. Do away with paper clutter by opting out of junk mail lists, signing up for E-statements, paying bills online, and digitizing your documents.
- **Ditch duplicates.** Anything you have duplicates of needs to go. This could be anything from owning two copies of the same book or DVD to several dresses that are very similar in their design.
- **Get rid of the obvious things.** This includes items that you clearly don't need. There may be mugs that you never use, ugly gifts you've received, books you've never read, or old

remotes that no longer have a device to work with.
- **Replace, don't add.** Try replacing your possessions when something is too old to use by discarding or donating the first item before you purchase a new one. Don't simply add on.
- **Declutter, not organize.** This may sound like an oxymoron but the whole point is to minimize and not keep stuff shelved properly. With minimizing, you're actually letting go. But when you organize, you probably end up buying organizers, bins, racks and the like to stack all your stuff in a systemized manner. You'll still have a lot of stuff you don't need; it's just put away nicely.

Now, all this can seem a lot to handle so start your journey to minimalism when you have some time to spare. No-seriously! This is an important one as decluttering is hard work. Make sure you've got the time you need to sort through your belongings to put them in 'Keep', 'Donate', and 'Discard' piles. After your stuff has been placed in its appropriate pile you will also need time to actually deal with those piles rather than leave them in your room indefinitely.

Plus, getting rid of stuff requires commitment. You have to make a decision about every item you own which can drain you out. It took you long enough to collect all the stuff you have now, and it's going to take you equally long, if not longer, to sort it all out as well.

That said, if decluttering seems too big a task to handle, then start really small. Try one thing at a time starting with the easiest things to get rid of. Another strategy is to spend 15 minutes a day decluttering by setting a timer and following up with it daily. Once comfortable, increase the time to 30 minutes and move on from there. Once you realize how good it feels to get rid of unwanted stuff, you'll be more than happy spending additional time minimalizing on a more frequent basis.

At the end of the day, decluttering isn't something you do just once. Instead it's an ongoing process where you may find it difficult to let go of certain things in the first or second round of purging. Simply throwing everything away (never recommended) or giving everything away at once (also a no-no) can easily lead to strong feelings of impulsiveness, regret, and anxiety.

Moving On

Once you've got the hang of letting go of your physical belongings, you can then start to look at ways on how to extend minimalism beyond that. Investigate other ways you can simplify your life and embrace minimalism in its true spirit. Here's another check list to consider:

- **Eat simpler.** Minimalist eating can mean different things to different people, but the accepted norm includes making simple food choices, using a few but high-quality ingredients along with minimal packaging, processing and waste. Some minimalists may also prefer to use easy-to-prepare recipes, so they don't have to spend too much time in the kitchen and can use that time elsewhere.
- **Make time.** It's important to clear out your calendar to manage your time more efficiently. Making your calendar less cluttered involves not scheduling so many appointments, dates, meetups, so you can spend your time the way you would like to. Instead, you should only commit to things and experiences that are meaningful to you without overloading your calendar or double-booking yourself.

- **Stop multitasking.** For most people multitasking just doesn't work. If anything, research shows that multitasking puts a high load on a person's brain and interferes with performance. In other words, trying to do too many things all at once presents the high chance of failing to perform most of those tasks well and stressing yourself out in the process instead.
- **Limit social media.** You know how much time you spend on social media every day. Simply deleting social media apps can help you free up that time and use it elsewhere. When you do this, you'll see how much time you have when you don't stare at your phone constantly looking for updates, likes comments and statuses.
- **Clean out your digital clutter**. Clearing out your inbox, uploaded photos, and notifications from apps can all reduce the number of hours you spend on your devices and the amount of unnecessary information you have to deal with every day.
- **Value experiences.** Minimalism has already caught on that experiences, and not stuff, makes people happy. When you follow

through with tips like making time and not multitasking, you'll naturally have more time on your hands to engage in experiences instead of collecting stuff. While stuff does give you instant gratification, experiences have a longer-lasting impact.
- **Spend less, spend wisely.** This is a given with minimalism, as now you only spend money on necessities and end up saving a lot more. Shop only when you need something and not just for the fun of it. It's not a bad idea to make an inventory of what you already have and then move ahead from there.
- **Save money.** A significant part of minimalism is creating financial freedom. It allows you to prioritize your spending and limits the need for things. With limited spending it can become easier to budget your priorities and save more. Some people may only embark on the minimalistic journey to get out of debt, and by following the principles of minimalism they can enjoy debt-free living.
- **Travel light**. Traveling light has always resonated with minimalists. Minimalist

traveling means packing light for your travels with perks of lower traveling costs, faster travel through airports, and easy accessibility to all your belongings to name just a few. For clothing, make do with pieces that can offer double-duty and perhaps easily transition from day to night.

- **Stay mindful.** Minimalists live intentionally which means that if there is something in life that they don't love, they change it. Cutting out things that don't serve you is an important step in creating the life that you want. This can include jobs, relationships, social commitments and such. It's important to find quality over quantity in every area of life.
- **Don't make comparisons.** Avoid comparing your minimalistic lifestyle to others. Your minimalism is yours alone and it's what works for you.

Once again, you don't have to do all of this at the same time. Instead, try these one at a time and continue to take tiny steps. It may take you an entire year to get where you think you want to be, or it may take you five. But regardless of how long it takes you to get where you want to be, you will start noticing the benefits immediately.

Say, you'd like to start with eating simpler. If you think about how much time you actually spend planning what you're going to eat or prepare for lunch and dinner you know that daily food prep is not easy. To make things simpler, plan your meals accordingly. This could involve eating meals that use the same core ingredients, such as having similar breakfast for one week with 2 or 3 lunch and dinner choices that rotate throughout the week. Not only will this make meal preparation easier, it will probably make shopping for groceries simpler too. It will also greatly reduce your decision fatigue.

After mastering the art of eating simply, you can then move on to making quality time for yourself and your family. Although believe you me, that by preparing simpler and quicker meals you've already ventured into that arena. Making quality time for your loved ones may involve finding the right balance between work and home. It could mean that the time you spend at work stops when you get home and you don't bring work home with you.

People who have difficulty deciphering between work and home life can never completely get rid of mental clutter which filters into their daily life manifesting as complete disorganization. It can also involve cutting down on your social obligations if those leave you running from one event to the other.

Constant running between events will stop you from living in the moment because you're always thinking about what you need to do next or if you are going to be late. Not surprisingly, this causes stress and leaves you completely out of control. But by setting limits, you learn how to prioritize your time. It puts you in the driving seat where you control how you want to spend your time and you get to enjoy that time as well.

Likewise, after getting comfortable with the concept of making time more meaningful, you can go through the entire checklist one by one. You don't have to follow the list in the order given here but can switch things around, depending on what you feel might be easier to tackle first.

4

MINIMALISM: HOME

Now that you've gone through my general checklist on how to proceed ahead with minimalism in your life, let's get a little more specific and target some individual areas of your home first.

Without making anything too complicated, the truth is that to live a simple life, you need a simple living space. So, let's look at the most used areas of your dwelling and see what we can do to make these areas more minimalist-friendly and how to cut the clutter here.

The Bedroom

Bedrooms can easily have more than one clutter hotspot. Apart from the abundance of flat surfaces available, there is also a host of hidden hotspots that hole up clutter. Think dresser drawers, closets, shelves, nightstands, and even underneath the bed if there is room there.

When downsizing, the previously mentioned 'Keep', 'Donate', 'Sell', and 'Discard' decluttering system will work well. This will help you weed and sort out most of your stuff. When you know what to keep and what to get rid of you can then focus on reorganizing the 'Keep' pile in your bedroom.

When organizing the things you want to keep, I would suggest following a more focused system. Start off with targeting one clutter hot spot first and then move on to the next for the most thorough cleanup and organizing.

The nightstand is prone to clutter as it sits right by your bed. Every small accessory, toiletry item, and magazine ends up being dumped here. For a thorough cleanup, empty out the nightstand drawer and sort, sort, sort. Ideally, you should not have any more than one to two objects on the top- perhaps a lamp and an alarm clock. Nightstand surfaces are very tiny so anything more than two items will fill it up quickly. For stuff you want to keep by your bedside, put it neatly in the drawer. For added convenience, you can use drawer dividers to arrange your stuff systematically.

The dresser drawer is a somewhat bigger version of your nightstand drawer. Once again, start off by dumping everything out. Remember that you've already gotten rid of the stuff that you need to give away. What remains now is the stuff you want to keep and we're here to organize that. You should only keep clothing items that are easy to fold and stack such as undergarments and socks, workout clothes, loungewear and swimwear, scarves, mittens and other accessories. Clothes that are too bulky such as sweaters and others that are silky need to hang in the closet. Your dresser drawers should never be filled to capacity where it becomes a chore to open and close them.

The closet is the biggest blackhole in most bedrooms. Follow the same steps as cleaning your other bedroom storage spaces by taking *everything* out of your closet. Keep your designated bins nearby for even though you may have already sifted through once, you can be sure that you will find more items that need to go in the 'Donate' or 'Discard' bins. Closets have a way of concealing stuff that smaller places like dresser drawers can't compete with.

Anything that doesn't fit, is damaged or hasn't been worn in the past year will find a better-suited spot in one of the bins instead of the closet. This goes for both clothes and shoes.

When you've narrowed your stuff down to what you will keep, look at how you store your things in the closet. Do you need help from some smart closet organizers such as racks, multi-garment hangers or shelf doublers? Or do you now own only so many items that will fit in nicely without crowding your closet space? When hanging your clothes, follow a system by separating garments by type or hang outfits together. A popular minimalist approach to closet management is creating a capsule wardrobe where a limited number of clothing items, shoes, and accessories are used by mixing and matching. The important thing is that you only select those items that you feel comfortable wearing.

The underside of the bed is another blackhole where things go and disappear. This is an area that needs as much cleaning and monitoring as the other, more-visible areas of the bedroom. This includes regular vacuuming or sweeping. If the bed is at the right height to accommodate under-bed storage, you can maximize this capacity by using storage boxes designed specifically for this function. Items that are used seasonally are good contenders for under-the-bed storage.

Inspect flat surfaces. Before you head out the door, take a good look at the flat surfaces in the bedroom including the nightstand and dresser top, any shelves you may have in there, and additional furniture such as a chair or a couch. Keep these surfaces clutter free to add spaciousness and appeal to your bedroom.

The Living Room

The next area I'd like to work with you is your living room. This is an area of your home where everyone likes to sit and relax. However, this can be difficult if the place is constantly cluttered with toys, books, magazines, blankets, memorabilia, and more.

To minimize this busy area of your house, refer back to my earlier checklist. Look at all the items you see here and then ask yourself the following questions:

- Do you still love it?
- Is it still being used?
- Would it make more sense somewhere else?

- Are you just holding on to it because someone gifted it to you?
- Do you really need more than one of this item?
- Is it a sentimental object?
- Do these toys mean anything to the kids anymore?

Even answering these few simple questions will give you enough of a nudge to get started on minimalizing your living room. When you truly realize where you stand in relation to your possessions, it becomes easier to let go of things that are simply occupying space with no purpose within your home.

The living room will need a slightly different approach than tackling your bedroom. This is because now you're no longer dealing with clothing items, shoes, or accessories but things that are more along the lines of decorative elements, wall hangings, misplaced things that originally belong elsewhere in the house but have somehow ended up in the living room and perhaps even those objects that don't really have anywhere to go in the house and adorn your living room unnecessarily.

When you're downsizing, you'll have to bring out

your trusty bins of- 'Keep', 'Donate', 'Discard', and 'Sell' once again. Repeat the formula for the first purge of this room by placing things in the correct bin. The 'Sell' bin, in particular, may come in really handy as the living room often has larger items such as wall decorations, extra rugs, extra furniture and the like which may make more sense selling off rather than donating or discarding, especially if they are still in a usable condition.

After the initial purge, you can now get down to the stuff that remains in your living room. Even among the things that you do want to keep, you will find a lot of items that belong elsewhere in the house. Let's tackle these first.

Remove foreign items. To gather things that don't belong in the living room, grab a basket or a big bag and pick up anything that needs to go in other rooms of the house. You can do this yourself or designate the job to a family member to put stuff back in its rightful place.

Create a home for homeless objects. Things like remote controls need to go somewhere. If you don't have a designated spot for such items, create one. With your TV and entertainment system placed in your living room you will need to find a place where operating devices like remote controls can go too. Other items such as an excess of magazines, books, or throw pillows are easier to place in the 'Donate' or 'Discard' bins. A quick tip here is to get rid of your paper clutter such as books and magazines by putting them in a 'Recycle' bin.

Tame the wirework. If an entertainment system is part of your minimalist living, (and why not- maybe movie night together is how you spend some quality time with the kids) then you'll need to wrangle the fiasco of taming unruly wiring. Some good options to consider include a cable caddy, a cable zipper and of course, the very popular Cableyoyo.

Ditch the obsolete. You may have your allotted movie night set out every week, but that doesn't mean you have to own piles and piles of obsolete technology such as VHS tapes or even DVDs anymore. Using streaming services and pay-per-view options will save you precious space in your living room and get rid of the clutter as well. What you do have can go to donations or be given to people who will be happy to take these off of your hands.

Add more storage. Even when you do minimize extensively, in the case of the living room, there may still be stuff that needs to be put away. Here it may actually make sense to look for additional storage options if you don't want to give everything away. If you're thinking of replacing your old furniture, do so with more contemporary storage-friendly options such as ottoman footstools and ottoman sofas. A closet in the living room can be made more effective for storing stuff by using storage options like boxes and large bins just to keep bulkier stuff like blankets, throws, and pillows.

Designate zones. Since the living area is for everyone to come together, there will be kid and pet stuff here at all times. Instead of throwing or giving away everything, designate zones to keep kid and pet clutter. What you can do to prevent clutter from piling up is perform a weekly purge.

The goal of downsizing a busy area such the living room is not to live in an empty space to keep it flawlessly clean all the time. Instead, what you're aiming for here is a space that works well for you and your family's needs. If you have trouble keeping the living room clean regularly, consider closely what you can live without and whether there's anything else you can remove to make regular cleaning easier.

Once you downsize your living room you may be

surprised, and relieved, to see how much stuff you can actually do without.

As a final thought, before we move on to other areas of the home, a lot of the clutter from the living room will be an excellent candidate for selling stuff off. You can go about this in a few different ways such as hold a garage sale or sell your stuff off online.

The Kitchen

The kitchen is a prime target for clutter and the busyness of the kitchen in everyday activities can make it particularly difficult to minimize. But there are tips to trimming down your kitchen essentials which can really help with the whole process.

Have your designated bins ready by your side and some garbage bags to house stuff that will need to go immediately.

Start with the countertops. Working with the philosophy of targeting one area at a time, this is a great starting point as a cluttered countertop is a clear-cut sign of a cluttered kitchen itself. Take everything off of the kitchen countertops and then place only the bare essentials back. You can put the rest of the stuff on the floor and deal with it as you move on to the kitchen cabinets and drawers.

Kitchen counters are also infamous for collecting stuff that doesn't belong in the kitchen. Put it in your relocate bin and deal with that later.

Address the drawers. Open up drawers and take out everything within. Question each item that you find asking if you still use it, how many do you have, and if it makes your time in the kitchen easier? Duplicity is a common concern with kitchen items so make sure you have no more than one, and in some cases two, of the same item. If you think you still have too much stuff in your kitchen drawers, then make use of drawer dividers to sort stuff out.

Cabinets next. After tackling your kitchen drawers move onto the kitchen cabinets. As always, remove everything from the cabinets and inspect the elements. Run through the usual questions of whether you still use these items, how many you have, and if you really need all those extras? A kitchen run along minimalist principles will only house enough crockery for a daily meal with the family plus a couple of spares in case of breakage or visitors. When putting items back in your cabinets, make sure to put those things that you use on a daily basis in the front or on a lower shelf and other, lesser-used items on higher shelves.

Pantry cleanup. The pantry often suffers from an overload of food items; some long-forgotten, others the result of enthusiastic couponing or weekly sale deals. Arrange your pantry shelves so that you can see what you have in there. This will prevent you from double buying the same ingredient over and over again. Look at items that have gone way beyond their expiry date and get rid of these right away. Resist the temptation to buy in bulk and do your grocery shopping in sync with your weekly meal planning.

Some things that every kitchen has too much of include the following items, and based on where you are minimalistically speaking, don't be shy to get rid of these things:

- Cookbooks
- Cookware
- Crockery
- Cutlery
- Cleaning supplies
- Dishtowels
- Mixing bowls
- Oven mitts
- Pantry items
- Small appliances

Reminder: Decluttering the kitchen won't likely happen in one go. As always, it's best to work in small increments and then work your way up. Doing the initial swipe in one go is not a bad idea but tackling every zone of the kitchen area in one attempt can become very overwhelming. Instead, you can break up the task over several days which will not only keep your energy up but also prevent decision fatigue.

To keep your kitchen operating along minimalist lines it's important that you only buy what you eat, cook most meals at home, and keep your pantry organized. Minimalist kitchens also use simple kitchen tools, keep the counter cleared, and minimize food wastage.

When you find stuff that needs to go elsewhere don't be tempted to relocate. Relocation can easily serve as a distraction so it's better to declutter first and relocate later.

Just like the living room, kitchens are also difficult to maintain without regular decluttering. That's why it's important to have a system in place to catch the clutter as soon as it comes- and it will come.

The Bathroom

Minimalizing your bathroom will work along similar lines as the kitchen as you will have to work with counterspace, drawers, and closets as well. The only difference will be the contents inside.

Clear the countertop. If you have a large enough counterspace, keep it cleared of toiletries to a minimal. A clear countertop is easier to wipe and clean and for the few basics that you need to place there, put these closer to the sink.

Pull everything out. This includes taking everything out of the bathroom drawers and linen closet. Work with drawers first as drawers can hold a lot more than you realize. Plus, it's usually the smaller stuff which can hide easily in such spaces. When decluttering, avoid keeping duplicates, bottles of half-used stuff, and those past their expiry date. To keep toiletries to a minimum, store these as close to the sink as possible so you know where to find them and also how much you have of everything.

The linen closet needs a thorough inspection to see if you have more towels than you would use in a month. Keep this number to one or two towels per person in the house and nothing more. You may want to hold on to a pair of extra guest towels but that should be the limit of how many pieces you own. Fold and arrange contents towards the front and center for easy access. You can group smaller items in bins or boxes and larger items stacked on shelves.

Put like things together. This is important in bathroom decluttering and organization so you can see exactly what you have and how much you have. Band aids, cotton buds, painkillers, and other first aid supplies can go together. Then there are personal grooming tools that need to be placed separately.

Mind your water wastage. The aspect of minimalism that advocates working with the environment will keep water wastage in mind. You can work with this in a few different ways by keeping your showers to five minutes or less, replacing high flow showerheads with low-flow versions and fixing leaky faucets and showerheads. Make sure to turn the water off when you engage in everyday grooming practices like brushing your teeth or shaving.

The Laundry Room

The first thing is to not let your laundry room become a dumping ground for unused stuff. This will only make minimalizing this area of your home a much more arduous task than necessary.

Depending on where you house your laundry appliances- it could be a nook in the kitchen, a corner in the basement, or a separate room by itself, you may have drawers and cabinets to contend with. In this case, follow the same protocol for all locations with drawers, cabinets, shelves or closets.

You need to empty everything out to gauge the extent of your possessions. Whenever minimalizing, keep your sorting bins with you, deciding whether to keep or dispose the contents of your laundry room. Again, watch out for duplicates and expired products that are no longer usable.

Recycling is an important one in areas like the laundry room. This is because you will find a lot of broken hangers, used-up detergent containers, expired laundry products, and maybe even a damaged laundry hamper to dispose of. The point is that this is one of the areas of the home that will yield a fair bit of plastic products, so don't neglect to recycle.

Consolidate your laundry products by choosing one detergent that works well for different fabric types instead of using multiple specialty products. For the environmentally friendly, using baking soda or distilled white vinegar in the wash is a natural way to enhance detergent cleaning performance. You can also hope to soften clothes this way instead of using dryer sheets or fabric softeners.

Hang dry your clothes to save on your electricity bills. Not everything you wash needs to go in the hot clothes dryer. For lighter fabrics, air drying works just as well, and you can do this in the tiniest of spaces. If your laundry room isn't that big, or won't accommodate a drying rack, you can simply install a wall-mounted retractable clothesline that can be put away when not in use.

Some water-conserving tips for this part of the home include setting the water level to match the number of clothes put in for washing, wash using the cold cycle, and selecting concentrated detergents. These products remove water as a filler ingredient and use only active ingredients instead. The result is smaller-sized packaging that uses less plastic, is more cost-effective to mass produce, and saves on transportation and storage costs. Installing a front-load, high efficiency washing machine can also help conserve water and cut on electricity bills.

MINIMALISM: WORKSPACE

Keeping your workspace clean is one thing and keeping it minimal is another. While both approaches have their obvious upsides, combining the two philosophes may give you the best results.

Before we look at how a minimalist workspace can be achieved, let's first look at how it can add to your productivity.

Whether you work from home, in a cubicle, or have an entire office to yourself, clutter will define the way you work. In many offices, the busier someone is, the more cluttered and less productive their working environment.

To improve work efficiency, it's important that you should try to use a system that keeps your office space uncluttered. This can involve keeping everything organized and meticulous, or it can involve getting rid of anything and everything that you don't need to work.

An uncluttered work setup with minimal office supplies can greatly increase productivity. But when it comes to getting rid of your office supplies, it may seem easier said than done. Why? Because when you're in your office every day, you can become accustomed, and almost immune, to the stuff you have in there. This can cause organizational problems without even realizing the holdup you suffer.

You would like to declutter, but you don't know where to start. Everything you own and keep in your office seems like absolute must-haves. You've always worked with those things around you and, in your mind, probably can't function without them.

But the truth is that keeping a tidy and minimal workspace can truly offer a number of different benefits. While thinking about cleaning itself can be stressful, once you get to it and end up with a workspace that has very few items on it, you will feel these benefits.

How can clearing out your workspace help you? Here are a few different ways.

A clean workspace inspires **clarity of purpose**. This may sound more of a cliché than anything, but the fact is that you spend so much of your day in the office that it's bound to have an impact on the way you feel.

A workspace that is cluttered can consciously and subconsciously communicate more pessimistic attitudes. Exposed to the confusion every day, it's hard to remain on top of your tasks.

When looking for one thing, you end up finding another. Sticky notes, checklists, and automated reminders are all great tools, but when used haphazardly, or in excess, can add to the confusion. Instead, keeping a clean work desk and scheduling your tasks will help you determine what needs to be done when.

It adds clarity of purpose to your work and helps you prioritize your tasks.

Clean workspaces cut out the stress element. Regardless of where you work from, mess is always a cause of stress. Whether you're trying to find a report from a clutter of unfiled papers or digging through boxes of old and broken keyboards looking for one that works, these pain points can make life in the office more stressful than it needs to be.

Even little things like dusty surfaces, poorly labeled files, and walkways littered with boxes can create anxious moments. But if you keep this area organized and clean you can actually cut out the stress from your workday.

Increases productivity. This is a given as the less time you spend trying to find items and specific documents, the more time you have to spend on your work. Plus, there is less chance of distraction as your desk won't contain any extras to take your mind off of the task on hand. This increase in concentration can lead to more and better-quality work.

With office supplies relegated to the minimal, you will also have more physical space to work with. For instance, if you have to work on a project which requires the use of more desk space, keeping your office supplies to the minimal or putting them away in your drawers will give you more table space to work on.

Brand representation. If you walked into a client's office and found it disorganized what would you think? You'd likely project that environment to how your client handles business. The same goes for your brand. Keeping your office space clean not only gives a better representation, it's a way of staying respectful of the space and the other people who share it.

How to get started

Instead of deciding individually what to save and want to discard, sometimes it's better to get rid of everything and then slowly add things back as you need them. You can apply this to your workspace as well.

Most people have hundreds of items in the workspace that have never been used or been forgotten about. Only a handful of things are actually used in everyday dealings. It's best to start out with these items.

Your Work Desk

Clear out and sort

After clearing out everything from your office space,

you can start sorting. Once again, this involves making use of three designated bins labeled 'Keep', 'Recycle' or 'Discard'. As you sort, your office supplies should find a suitable spot in either of the three bins.

Multiples and duplicate items can have their own bin which you can circulate around the office to see if anyone needs anything from all the extras that you had accumulated on your desk.

As you sort out the extras, and start placing things back on your table desk, you can set up zones.

Organize based on use

After decluttering, when it's time to set things back, try to organize the items in frequency of use. This will reform your workflow when you have items with easy access placed nearby. For instance, if there is a fair bit of writing involved in your work have your pencils and pens in a holder nearby and place other supplies like rubber bands, scissors, and staples in the drawers below.

Organize other areas of your office similarly, placing your least used supplies farthest away. This straightforward system will boost your productivity making it easy to get hold of frequently used items while others can be put away off of your desk.

Sift through paper

Most of the clutter on your desk is probably paper based including documents, business cards. sticky notes, meeting notes, and much more. The problem is that not only do these take up space but most of these papers are not something you look at on a regular basis.

Most of the paper can probably be sorted as paper that's old and needs to be tossed, paperwork that's completed and needs filing, or paper waiting for action to be completed by you or someone else.

When you know what to do with paper, don't let it pile up on your desk. Toss what needs to go, file what needs to be kept, and finish acting on paper that needs your signature or someone else's.

Occasionally, you will also come across paper that doesn't fit in either category. Here, the decluttering process can start to come apart. When something doesn't fit the mold, it can create chaos. You need to develop a system before that chaos starts to take over your work desk.

For instance, when you come across papers you're unsure about, put them in a separate folder. If the paperwork seems important, then give it some time to go through fully. Label your folder with descriptive keywords and date it so you can go back to it when needed.

In any case, all papers on your desk need to go to a designated bin or folder. For everything else, here is the next step.

Digitize everything else

Instead of saving paper on the off chance that you may need it someday, digitize your documents. Create electronic copies of important documents by scanning or typing them out.

You can also investigate the different apps on your phone that can scan and store documents on the phone. A number of useful notetaking apps including Evernote, Google Keep, and Google Docs are some excellent choices.

These apps let you digitize and synchronize notes across several devices via the cloud. The biggest benefit perhaps is that once digitized, it's easier to search through for the correct document conveniently.

Deal with new information quickly

The best strategy to staying clutter-free is developing a habit of organizing and cleaning on a regular basis. For instance, whenever any object is brought into your office such as a file, a document, or mail, deal with it as soon as you can. Don't procrastinate.

Decide how you will handle it instantly. And if not, then decide what to do with it before the day ends.

Likewise, one of the biggest concerns of a cluttered desk is unfinished projects. Sometimes, these stay on the desk for weeks demanding attention and taunting you at the same time. Prevent this from happening.

If the project can be completed in less than half an hour, then see to it right away. If it'll take longer, find a designated spot to store it until you are ready to pull it out and work on it.

This will help keep your desk clutter free and help you prioritize as well.

Automate

Just as digitizing helps clear away paper clutter, automation can help with streamlining processes.

With greater reliance on computer use, automation can help save time. It allows you to use less time to do things or to do more things within the same amount of time.

Some people may also consider automation as a stressbuster because things will get done and you don't have to worry about remembering to do them. You can relax a little knowing that your automated processes are implemented without intervention.

In manual processes you must respond to all communication. But with automation you only remediate an issue that you're alerted to. Of course, setting up automation will take time, but think about the long-term benefits you can reap.

Once you have written the tasks and created the templates, you have a process that will take you through. Depending on the nature of your work you can automate your bookkeeping tasks, automate your cash collection, credit collection, and even automate your digital marketing.

Cable control

Workspaces will have a lot of cables and cords to contend with. There is the usual phone and laptop cables to deal with and in some instances, you may also require the assistance of scanners and printers as well.

Whether the cables are on top of or underneath your desk, it can be unruly and unsightly to have them spread out over your workspace. An excellent solution to this is to invest in a labeling system and then label every cable as you install it in your office. You can also invest in a cable lock system which can arrange your cables quickly and easily.

Systemize

Having a system in place can make all the difference between meeting goals and missing them. Systems bring order instead of chaos and reduce decision making. You can even have something as basic as a checklist to get you started. In fact, that is exactly where we started in this book by giving you a checklist of things to look at as you minimalize your lifestyle.

A system in place will also help you store operational data, revise histories, communication records, and documents. For a larger product or a greater workload, create an organizing system such as filing and continue to streamline.

Handle your emails

With most people working on computers, dealing with emails is a big issue. While it serves as a highly useful tool in communication, too many daily emails can also obstruct your productivity.

An inbox that is cluttered like your other workspace will frustrate you. You end up with old, unimportant, and unopened messages which will detract you from what's important.

There are some true and tried methods to cleanse your inbox starting with setting some time aside to respond and read your emails. It makes sense to say that it's never a good idea to have your email open all day. If you've got an alert system going on, every time you receive an email you will also get an alert or beep along with it that will interrupt your workflow and distract you.

One strategy is to schedule a specific block of time for checking and answering emails. For instance, some people find it more helpful to spend ten minutes to email every hour while others prefer only to check their email once or twice a day.

Once you receive an email, make a quick decision on what to do about it. It's easy to browse your inbox for mails which can instantly be deleted such promotional emails or spam. You can further narrow this down by selecting messages that don't ask for a response and delete those.

For important emails that need a response, don't let them untended indefinitely. Try to answer within 48 hours or sooner and if you are not able to do so immediately, send a message that you will get in touch soon.

Most inboxes come with the option of creating labels and folders in categories. Use this to your advantage by prioritizing, grouping and sorting emails to keep an organized inbox. The more organized your filing process, the more convenient it becomes for you to find important emails when needed.

To do away with extras, unsubscribe generously. It's very easy for junk mail like advertisements and letters to quickly overwhelm the inbox and very important messages. It's important to clear out this clutter. Simply unsubscribe specific senders that you no longer wish to hear from.

Your Filing Cabinet

Another area of your workspace that will need tending to, is your filing cabinet. Now, I know that we've already discussed that going paperless is the best option to minimize and declutter. But it's not always possible to get rid of every kind of paper.

Some things demand that there needs to be a hard copy and for that you have to save and file away the paper copy of the document. Even with those that you decide to digitize, you still sometimes need to keep the paper copy on hand.

And so, we come to your filing cabinet. If you're not constantly managing a filing system at home or at work, it's easy to become overwhelmed with filing. The starting point for this type of minimizing is, once again, to simplify your home and office paperwork.

Since it is essentially more paper clutter to deal with, we will follow the regular protocol of what we have been doing with papers so far.

There are 3 main steps to the process.

- Discard unwanted or unneeded items
- Reduce and decide on folder categories

- Use vertical filing cabinets for storing remaining items

Discard unwanted items

This will perhaps be the most time-consuming task of all. At this step you will have to sit down and go through every piece of paper you have in your filing cabinet. Carefully think about what you really need to keep and want to discard.

As you sort through your papers, you can start putting them in different piles. For instance, put your taxation papers separate from your insurance policies. Or, separate your loan agreements from your warranties and so on.

While the important documents will stand out from the rest, be ruthless with everything else. If you've stuffed things like brochures, terms and conditions, and instruction manuals in your filing cabinet, let these go. Most of this information can easily be found online now, so there is no need to hold on to paper copies of these documents.

Categorize your folders

When creating your filing system, keep convenience

as a top priority. You can have as detailed a filing system as you like or one that is simple to follow. Some people may prefer to organize their items alphabetically or numerically, while others may opt to categorize by name, company, client, project, or due date. Take a few minutes to organize your thoughts so you know exactly which types of files you will create.

It's best to keep the number of categories at a minimal so you can find a document quickly. Some concise categories for a personal filing system may be the following:

- Life insurance and superannuation
- Investments
- Education
- Health records
- Certificates and reports
- Bank information

Of course, you can have more or even less than these. The point is to keep things simple and concise.

Tip: Avoid making a miscellaneous folder. It may seem tempting to shove everything that you think you may need in there, but the "Misc" folder may actually cause more of a headache than help you out.

If you don't have a clear-cut, well-thought out category for something, you probably don't need it.

Make filing a weekly, if not daily habit, depending on how much paper you have to deal with.

Use vertical filing cabinets for storage

After sorting out your documents into folders, files, or ring binders you can start putting them in your cabinet. I find that vertical filing cabinets are a better option than lateral ones.

This is because vertical cabinets offer excellent width and depth and adequate storage capacity for home offices. If your office isn't very spacious, then vertical cabinets are the best option as they occupy less floor and wall space.

If you have more office space and bigger files to deal with, then lateral cabinets may suit you better. But remember that the whole point here is to minimize the use of space and maximize efficiency when filing, so I would definitely go for the more compact version.

Your Bookshelf

Now this can be particularly hard, especially for ardent booklovers. But to have a minimalist bookshelf in your home means owning only those items that define you. This means constant change. And as you change so will your interests and inclinations.

Of course, there are those ever-favorites that you know you will come back to again and again. So, don't worry about ditching those. But all the stuff that you have once read and will never read again, or others that didn't tickle your fancy, can go to someone else who might actually enjoy them.

For anyone of you who is a literature student or a scholar of sorts, parting with books can be an unbearable thought. You may possess classic works that you believe every student of literature should have in their library. But what of it?

Are you keeping these for show, or perhaps still deriving your sense of identity from them? Maybe you have sentimental attachment to these? But the fact is that if you really want to read your classics all over again there is always the library.

Just remember that owning different books doesn't make you a literary person, loving books does. It's better to have a healthy collection instead of a big one.

So, anything that you haven't read in years can go.

Only keep those items that illicit a deep emotion in you. Items you want to own, reread yearly, and wouldn't mind going through the hassle of moving with. The best thing for your books is for someone else to pick them up and enjoy them just as you did.

Minimalize your work style

Once you have seriously limited the number of items cluttering your work desk and restored some order in your workspace, you can now focus on how to incorporate minimalism in the way you work.

Hold on now- This doesn't mean that you *work less* in any sense but that you *perform tasks in as simple a way as possible*.

Prioritize

With a minimalistic mindset, it all comes down to prioritizing. In the workplace, that means doing the most important of tasks first; those that are the most meaningful and crucial to complete.

Just as you select and prioritize the things that add value to your life and omit the rest, you also need to prioritize important tasks over others.

When you take care of the important tasks first, you feel a sense of achievement and your day is a success.

You can then move on to other things or deal with them tomorrow as long as you finish the essential first.

Learn to say no

Overcommitting yourself at work makes it difficult to manage time effectively. While you may feel uncomfortable doing so initially, learning to say no is an important component of minimalizing your workday.

There are times when you will have to decline opportunities with the objective of only taking those commitments on that you know you have time for and those that you really care about.

Avoid multitasking

I think we've already mentioned this one before but let me just put it in the context of the workplace. Once again, multitasking does not mean that you are a productive worker.

Quite the contrary, if you have too many things going on at the same time there's a good chance of messing up most, or at least some, of them up. If you're using your computer to work, close all other browser windows to keep distraction at bay. Put your phone away out of sight and on silent.

Concentrate on the task at hand and nothing else. This way you're sure to get the results you're looking for.

MINIMALISM: SELF

Alright- now that you've had glimpse into how to minimize your home, your workspace, and even your work habits to some extent, let's do a quick recap of what we know so far.

We know that:

- Minimalism is about deciding what's worth keeping, and not just what to get rid of.
- Minimizing will only be successful if you handle one thing at a time. Remember taking baby steps and starting small.
- An initial purge may not do much good and you will have to return for subsequent purges.
- There is no time limit to minimizing. It can

take you less than six months to completely overhaul your life or it may take you six years.

In any case, so far, our focus has been on larger areas and dimensions. Getting your house in order is a big place to start and the same goes for your workspace. Even though handled in small installments, these are bigger ranges to work on.

Now, let's turn our attention to the smaller things in life or rather smaller areas that apply to yourself. Let's now pivot to some things that you use on a daily basis.

My focus in this chapter is going to be your everyday items like the handbag you carry- to work, for shopping, going visiting, or anytime that you leave the house. What exactly do you have inside that bag?

I will also take a look inside your wallet- with your permission, of course and see how we can organize, or better still, minimize the contents in there.

And finally, I will conclude with some expert hacks for traveling light and right. So, let's get started.

The handbag

Ladies, this one is for you. If you're like most women, and working women, in particular, you likely have a large tote to take along to work. Of course, you may settle for a more compact bucket bag or a grab bag, whichever works best for you, but chances are that your bag is the keeper of all things.

Too often, large totes, hobo bags and bowling bags or any other style that has one big pouch to hold everything are used to house all that you will need at work and beyond. While the capacity of these bags is enormous, the problem is that everything you decide to put in the bag goes in one single pouch. The result is a bottomless pit where it becomes next to impossible to find anything you need.

If you're headed to work, then it's understood that you will need everything work-related in your bag. But what about the extras? It's typically all the extras that add a fair bit of weight to your bag, making it challenging to lug around. And for women who perhaps carry a large handbag as a fashion statement can also use some help to cut out unnecessary contents and make it easier to carry a handbag

Flip your bag inside out

Just like you handled your drawers, but on a much

smaller scale, take everything out of your handbag. Dump all contents out to see exactly what you'll be working with and then start sorting.

Place items categorically such as makeup in one pile, books in another, electronics in a third and so on.

Keep the staples

Set aside only the staple items that you use regularly to go back into your bag. This should include your wallet, keys, phone, and sunglasses to name a few.

For work related items that are used exclusively at the office, there is no need to lug them to and from between home and work. Leave these items at work and if you must, get yourself some doubles for use at home. You shouldn't have to taxi these along every day in your bag.

Systemize

To better organize a larger bag, you will need to come up with some sort of a system. For instance, you can use purse organizers that can go in your bag. A purse organizer serves as a purse caddy with different pockets and dividers intact. It allows you to place your items in different compartments *vertically,* which is key in purse organization.

When you place your contents horizontally, you end up having a stack of items one on top of the other, which, once again, is a pain to work through. So, vertical arrangements of contents are crucial for effective purse management.

If yours isn't large enough to accommodate a purse organizer, then consider keeping smaller items in separate pouches so they are always there in one place whenever you need them. Think charger and headphones together or makeup and skin care together.

Sort out receipts

Just like paper clutter elsewhere, paper will also find a way to clutter your handbag. In fact, one of the biggest contributors to clutter in a handbag is receipts. You can easily cut this clutter by cutting the receipts and if you must absolutely keep a receipt, go for a small coin purse or an organizer to keep it away from the rest of the bag's contents. This will make it easier for you to find the receipt when you need it as well.

To take it a step further, you can digitize your receipts using a receipt scanner and tracker and eliminate the paper version completely.

Limit the amount of makeup

If you like to carry your makeup on the go, take a look at how much makeup is actually inside your bag. Question if you actually use all those items every day. If not, then it's time to downsize.

Once again, only put the staples back inside your bag. If you have too many staples, then alternate products on a daily basis depending on what you will use.

A handy tip here is to apply makeup at home so you can save even more space in your bag. Applying makeup before you leave your house will seriously limit the items in your purse and all you will need to take along with you are a few "touch up" items.

Carry travel size products

If you must carry cosmetics and some self-care products, then opt for the travel-sized versions. Most lotions, hand sanitizers, and medications come in mini sizes that will take up less space within your bag. Because these are small items and may be hard to locate, instead of just putting them in the main pocket use a small pouch or small makeup bag to fit these in.

Keep the spare change out

Spare change is often a common culprit for adding to the weight of a bag. To keep your bag lightweight, take out all the coins and keep them at home instead. Unless you plan on using parking meters or going to a laundromat it's best to keep the coins out of your bag.

Condense the size

One of the best ways of going minimalist is to condense the size of the bag itself. When you have a smaller bag to carry, you'll naturally be more inclined to fit less stuff in it. And based on the suggestions given above, you need only focus on the essentials and keep everything excessive out of your bag, and life by extension.

Declutter daily

Like certain areas and items in your home, your handbag also demands more than just a one-time purge. Make it a habit of cleaning out your bag every day. By this time, it shouldn't be too difficult to do because now you should only have the bare essentials or the staples in there and nothing else.

Waiting to clean up your bag once a week or a

couple of times a month will make organizing very difficult. it's best to let your bag become a portable dumpster before you clean it out.

The wallet

The wallet deserves its own mention as it carries some of your most important items. So how do you decide between what to keep and what to take out from your wallet? Here's my take on minimizing your wallet effectively:

Carry one or two credit cards only. This not only keeps cards to a minimal but is also a way to curb unwanted spending. The minimalist mindset will also tell you that keeping it simple comes with the perks of worrying about only one balance, one credit limit and one due date.

To take the number up to two, keep one card with a low limit for tasks like online shopping, grocery shopping and the like. Keep a second higher-credit limit card for travel and big-ticket items.

Carry one debit card. Eliminating cash and taking one debit card along seems like the ultimate way to lessen the load of your wallet. It also helps you consolidate spending onto one bank statement.

That said, I would suggest keeping some cash for emergencies.

Empty receipts ASAP. At the risk of sounding redundant, let me re-emphasize to get rid of your paper clutter as soon as possible. Or better still, digitize these.

Get more tech savvy. Instead of carrying multiple membership and discount cards in your wallet, get an app instead. Loyalty card apps will let you earn rewards without having to carry a bunch of different cards with you.

This is what a minimalist wallet should look like at best. And while you now know what to keep in your wallet you should also know what should never be in your wallet either.

The one thing you should never have in your wallet is identifying documents. The only identifying documents that you should carry with you is your driver's license. Never place your Social Security card in your wallet as it can easily become a source of identity theft. Your SSN is only a 9-digit number so it's better to memorize it.

Another consideration is unused gift cards. Keeping gift cards in the wallet seems like the right thing to do if you find yourself on an impromptu shopping trip. However only keep a gift card in your wallet when you know you're going to that particular store. Losing a gift card whether it's stolen or lost makes it very difficult to get the balance back.

Travelling light

Just as any other aspect of living with minimalism, traveling minimalistically also involves the right mindset. By the way, if you've already been practicing other aspects of minimalism such as becoming comfortable with simplicity and separating the 'wants' from the 'needs', or working with a capsule wardrobe, you'll find that packing a minimalist bag just became much easier.

After all, how much stuff do you really need for a week's worth of travel? It's not that you need that much stuff, it's just that you want to bring that much along.

So, where do you get started? Simple- you start out with getting a smaller bag.

Use a small bag for your travels

When you decide to use a small bag for your traveling needs it makes packing minimalistically much simpler. This is because now you know that that's the only bag you'll have on you and that's all the space you have to carry your stuff. This forces you to prioritize.

By intentionally using a small bag you also make yourself pack lighter. This can be tricky especially if you haven't done it before but the challenge here is to up your game while downsizing your packing space.

Experts in this area will tell you that you probably don't need anything better than a 40L bag. This will conveniently pack everything you need and beyond. You have a fair bit of choice between choosing a convertible backpack a wheeled suitcase or a conventional backpack. Although the wheeled variety is not a favorite amongst frequent travelers.

Get some packing cubes

A favorite with frequent travelers, packing tubes can help fit in more in your bag. Not only does this traveling accessory help minimize the time you spend packing but it also makes repacking and unpacking more convenient.

To a novice this may seem like an extra, but seasoned travelers will swear by the convenience packing cubes offer. When used right packing cubes will help you stay organized and keep your belongings compact.

A packing cube with clothing can even be used as an improv pillow when needed.

Simplify your packing list

Before packing anything look at your past traveling experiences. Ask yourself what items went unused or rarely used the last time you traveled? Maybe consider any non-essential habits that you could temporarily cut from your routine. Or think about any smaller or more versatile versions of anything you like to travel with.

Looking at these considerations will help you identify the areas that will be easiest to simplify.

Know your essentials

Minimalist packing is all about trimming your packing list down to the essentials and only bringing those. Some obvious givens are your passport and ID, a credit card and some cash, and your phone and charger. If you really must, you can add your laptop/notebook/tablet and camera in there too.

Comfortable walking shoes. All travel involves

walking so invest in a good pair of comfortable walking shoes. for a short trip one pair of walking shoes can suffice but for longer trips in multiple climates make it two.

Capsule wardrobe basics. The rules are the same for both men and women and that is to pack a wardrobe of mix and match items and that you can switch around. Minimalist clothing for a man looks something like

- Men's quick dry pants
- A pair of jeans or comfortable travel pants
- One zip up sweater
- travel shorts
- 3 cotton T shirts
- One dress shirt
- 3 to 4 pairs of underwear
- 3 pairs of socks
- Rain jacket and swim shorts- depending on where you travel

For women packing minimally, clothes that are must haves include

- Lightweight travel pants
- Quick dry travel shorts

- Travel yoga pants
- Sweatshirt
- 3 cotton T shirts
- 2 tank tops one long sleeve shirt for layering
- 5 to 6 pairs of underwear
- 2 sports bras
- 3 pairs of socks
- One nice dress
- Rain jacket and swimsuit-depending on where you travel

When selecting these items, choose only the ones you love the most or feel the most comfortable in. A clever tip is to stick to a single-color palette. Pick your travel clothes from this list and not in addition to these. This will save you from packing one more outfit.

What else?

Keep toiletries to a minimum including toothbrush, toothpaste, soap, deodorant, lotion and shampoo. If you're going to be staying at hotels, you can even skimp on everything except your toothbrush as hotels do provide these basics. (it does depend on where you're travelling though)

Packing tips

- Roll instead of fold. Rolled clothing is more space-efficient, doesn't crease as much and is easier to see in a small bag.
- When packing extra shoes place the toe of one shoe into the ankle of the other with the soles facing outward. This takes up less space and makes for a more compact fit.
- Include one microfiber travel towel instead of a regular cotton towel. It will weigh much less and take up less space.
- When packing toiletries, remember that you can't take more than 100ml of liquids as carry-on. Use soap and shampoo bars instead.
- Remember to pack a universal adapter for your electronics.

Following these travel hacks, the minimalism lifestyle will help you simplify your packing list drastically. Remember that more physical baggage can easily add to your mental baggage. So, the less cluttered you are for travel, the more you will enjoy your experiences.

7

BUDGET LIKE A MINIMALIST

By now you know that minimalism means prioritizing what's valuable to you. It means intentionally reducing clutter in all areas of your life. For most people, this refers to material clutter such as items and belongings and they implement this philosophy in their home and workspace proactively.

However, minimalism extends beyond the physical space that you occupy whether at home or at the office. It also has a place in your financial life and can help make it easier by reducing, or at least better managing, the amount of money you spend on unnecessary purchases.

Another way to look at this is that living a minimalist life has nothing to do with how much money you make but it sure has everything to do with how much money you spend. You also need to factor in where and how you spend that money.

To define a minimalist budget, we can go with a budget that gives you clarity with your money by decluttering your finances and prioritizing your financial goals. Or, you can also say that this is a budget which simplifies your finances and helps you stick to what's important while planning for the future the correct way.

Is being frugal the same as being a minimalist?

This question raises a quick comparison. There are frugal minimalists who consume less with the ultimate goal of saving money. They spend to get the most cost-effective value for any purchase while limiting their possessions to the most important ones. And they don't spend without thinking.

The main goal of frugal minimalists is embracing this lifestyle because of their financial mindset. They are thrifty with their money by using coupons and finding the best deals in sales. They don't mind living in small apartments or sharing accommodation to save on rent.

One particular trait of frugal minimalism is the tendency to hang onto things. This happens to prevent new spending- so long as you have an item, there's no need to buy a new one or replace it until it's no longer useable.

But this doesn't apply to all types of minimalists. In fact, other types of minimalism do not in any way mean that you spend less. If anything, you could be spending a lot of money but only on a few select items. Items that bring value to your life. Only now you're spending wisely.

So, you can say, that while one is about owning less stuff, the other is about spending less on stuff.

How to reduce clutter in your financial life?

By now you should be in the habit of questioning everything you own. Now it's time to question your current and more importantly, future purchases. This will bring perspective to how wisely or unwisely you spend your money.

Because budgeting needs and the budget itself can vary significantly for everyone, there is no one-size-fits-all. Instead, you should create a budget based on your individual situation, keeping in mind the type and extent of minimalism you want to implement in your life.

That said, here are a few general guidelines that anyone can follow and then tweak them up to suit their individual situation.

Determine why you want a budget- This is the obvious first step as a budget serves as a road map for where your money will go so you can make it work for you. Budgets assign your money a job and establish spending limits for specific expenses so you can use your money responsibly.

To weed out the extras define your financial goals. This means determining why you need a budget. Some reasons you may need to budget include going debt-free, increase savings, have a retirement plan and so on.

Choose a budgeting method. There are different budgeting systems to work with and you can choose one that you feel most comfortable with. Although every system uses a different technique, each focuses on organization and attention to detail.

- **The pen and paper method** is the oldest and least expensive way to budget. With this method all you need to do is pen down all your income sources and all your expenses. If they balance, you've done well.

- **A spreadsheet** makes budgeting slightly easier by giving you a ready-made template to work with and does the math for you too. This method organizes information easily and saves you the hassle of creating your own template.
- **Online software** are programs that assist with budgeting. Different programs let you create, categorize, and track your expenses to show where your money goes as soon as a transaction takes place.
- **Financial software** includes specialized programs that make budgeting a breeze. But to use these you need to be somewhat computer savvy.

After choosing a method you think you can handle easily, let's move onto creating budgeting strategies. Of course, there are different ways you can go about this. For instance, creating a budget that works for students will be different from one that works for retirees.

However, there are some basic steps that everyone

needs to address when creating a budget. Each one is important as it builds up on the other and helps you organize your finances sensibly.

Set goals. These are goals you want to achieve by budgeting correctly. Financial goals are divided into two types namely immediate goals and long-range goals.

- **Immediate financial goals** deal with everyday expenses. These focus on using money at the moment on obligatory items such as rent or mortgage, utility bills, car loans, groceries and such.
- **Long-range financial goals** are those that have to do with savings and spending over the years. These are known as discretionary items and includes items such as non-essential clothing, dining out, subscriptions, vacations and such. Your long-range goals could also include education plans, retirement plans, and other investments.

Calculate your income and expenses. Once you've determined your financial goals, you now need a pathway to achieve these. For this you will have to evaluate your income and your expenses. Since most bills follow a monthly schedule, the best way of budgeting for most people is to budget monthly.

You can start by making a list of your monthly income sources these will typically include your salary, bonuses, child support or alimony. In case you're not sure of an exact amount you can always use an estimate. when you have the numbers down, add them all up. The total you get will be your monthly income.

Now you come to your expenses. Most people's expenses will fall into the three categories of fixed, variable, and discretionary expenses.

- **Fixed expenses** are those that take a fixed amount out of your income such as your mortgage or rent.
- **Variable expenses** can vary slightly from month to month based on need. Typical examples include gas and groceries.
- **Discretionary expenses** are absolutely optional and refer to items such as entertainment and recreation. For instance, if you have a gym membership that is a discretionary expense. Or, if you like going to the salon regularly, that would also fall in

this category. Such expenses can make life more fulfilling but should also be the first ones to go if you are trying to budget and are having a hard time managing your committed expenses. This is also the area you will have to skimp on if you're aiming for a minimalist lifestyle.

Scrutinize your spending habits. The entire goal of budgeting is to ensure that your expenses never exceed your income. If it does, then you end up with more money leaving your pocket than coming in.

This involves looking at the items you spend your money on. Once you have a list down, evaluate each item. See how it adds meaning to your life or if serves your financial goals. For every item you answer 'yes' to, keep it on the list. For everything you say 'no' to should be struck off.

Simplify your accounts- Instead of having multiple accounts, have one checking account for all your daily transactions. Keep one savings account for emergencies. When you have too many accounts, you often end up borrowing from one account and sending funds to the other.

Carry a single credit card. Many minimalists will

swear by this. One credit card is all that you need. Pair it with one debit card and you're good to go.

Automate your payments. Use online banking to automate monthly payments. This adds convenience to your life, rewards to your card, and even helps your credit score. If you're environmentally inclined, then you can be satisfied knowing you're eliminating paper bills and check writing.

Revisit your original budget. After having monitored your monthly transactions for a couple of months, you'll have a better picture of areas that need adjusting.

Be prepared for unexpected expenses

Unexpected expenses such as car repairs or a visit to the vet can seriously throw your budget off if you don't have an emergency fund in place.

In a different scenario, a promotion can bring about a change by changing your discretionary spending along with your savings goals. On the flip side, a layoff or fewer work hours could require spending cutbacks until your income is restored.

Just keep in mind that savings should always be an integral part of your plan. It's useful to have a savings account and keep it funded to face emergencies of any kind.

With the fundamentals in place, you are now ready to tackle your debt-elimination, credit card and bank accounts the minimalist way

How to get out of debt

Debt, for most people, is the consequence of past and current spending habits. Having too many credit cards while failing to pay off credit bills each month are the most common reasons why most people end up in debt. When you fail to do this, you'll have to pay a greater deal of interest which takes you further into debt.

If this is what you were doing before getting into a minimalist mindset, then now is the time to set things right. Here are some ideas on how to get out of debt while trying to work with a minimalist lifestyle at the same time. The basics include:

- Making a list of all your debts
- Ordering from the highest to lowest interest rate to pay off first
- Establishing your household budget
- Setting up an emergency fund

After this prep work, the first thing to halt this vicious cycle is to **stop creating more debt**. While this alone won't get you out of debt it will definitely stop your debt from getting any worse. This demands that you stop spending excessively and never let your expenses exceed your earnings.

As long as you continue adding debt while you're paying it off, it will never make much of a difference and you won't make any progress. If you really mean to pay off debt, one of the more drastic things to do is to cut up your credit cards or even **freeze your credit**.

As mentioned earlier, one credit card will suffice for your minimalist lifestyle. You won't need more than one, especially if you're trying to go debt-free.

Another approach is to **increase your monthly payments** when paying off your debt. If you're only paying the minimum it will take longer to become debt-free. By the time you finish paying off your balance with minimum payments, you may well have paid double or even more than that to what you originally owed.

In case of multiple debts, **tackle one debt at a time**. If you try to increase all your minimum payments just by a little, your payments will only drop by a small amount each month. But if you pick one debt and try to get out of that first, you will make noticeable progress.

If you feel that a high interest rate is keeping you in debt longer, then you can ask your credit card issuer **to lower your interest rate**. If you've had a good payment history, it becomes easier to negotiate to a lower rate.

Setting up an emergency fund will sound counterintuitive as you try to pay off debt but it makes perfect sense. If you already have a savings account in place, that's your emergency fund. Otherwise, the point is to have a backup for unplanned emergencies. You don't want to resort to using your credit card and collect even more debt.

How to manage your credit card

Debit cards are like show-and-tell where you know right away how much you spent on what. It's the credit card which can be sneaky and needs more vigilant monitoring.

Here, I'm only going to talk about managing a single credit card and not multiples, for we've already eliminated that need. Effective credit card management basics dictate that you:

- Keep track of your spending
- Pay off in full each month
- Avoid late payments
- Avoid minimum payments
- Use a card with a sensible credit limit
- Keep within your credit limit
- Check your credit card statement

Many of these sensible spending steps already coincide with what I have mentioned previously in this book. Basically, never breaking the golden rule of spending more than you make.

Credit cards do offer a convenient option to pay for what you need, but if you're not careful with how you use yours, this convenience will often come at a cost.

To manage your credit card effectively it's very important to **keep track of your spending**. The best way to do this is to **look over your credit card statement** regularly.

Your statement will include the payment due date which you should always mark on your calendar. If you don't plan on paying off your dues as soon as you receive your statement, then make sure to set up an alert to remind you of the due date.

Paying on time will avoid extra interest charges or hefty late payment fees. When doing so, try to maximize your credit card repayments. If you only manage minimum repayments, you have to pay a lot of interest which is exactly what you're trying to avoid here.

But if you're struggling to pay more than the minimum monthly repayment, then it might not be a bad idea to **switch to a card with a lower interest rate**. This way you can pay off more when you can. But when you make the switch make sure to close the old card, so you don't wind up with more debt.

Make sure that the card you use is offering you a **sensible credit limit**. Ideally, it should be an amount that you feel comfortable repaying and one that won't tempt you to spend more than you can afford.

However, if you feel that you can't afford to pay off your monthly balance, do not have your credit limit increased. This will only make it too easy to get into debt.

To resist this temptation of overspending you could

ask your credit provider to **reduce your credit limit** instead.

If you own multiple cards and want to reduce the number down to one, then make sure it's not an older credit account. This is because the length of your credit history matters. A longer credit history can help improve your credit score.

How to manage your checking account

Your checking account does all the work for you. It helps you budget, pay, save, and manage your daily transactions. With a few handy tips, you can start using your bank account to better cater to your minimalist living style.

- Use automation
- Keep an eye on your balance
- Digitize your transactions
- Avoid fees
- Avoid over drafting

One of the easiest ways to manage a checking account and save is to **automate finances**. For easier management, you can set up direct deposit with your employer to get your salary straight into your account. You can also look into setting up automatic transfers from your checking to savings account so that you can save for your long-term goals.

You can also automate your billing options for managing your bill payments.

At this point, it's important to emphasize that you should always **know the balance of your account**. Either you set alerts with a budgeting software or use an app, you should always have a good idea of how much funds you have in your account.

Knowing your balance makes it easier for you to plan for upcoming expenses, avoiding unnecessary fees and monitoring your budget effectively.

To minimize extra funds being drawn from your account, choose one that **does not charge a monthly maintenance fee**. This is regardless of your account activity or balance.

The same goes for using your debit card for taking cash out from certain ATMs. Some banks charge an additional fee for using their debit card for cash withdrawal from other ATMs. It's best to find out where you can use your card and which ATMs have no fees attached.

One very important point to consider when

managing your bank finances is to **avoid over drafting**. This happens when a transaction brings your account balance below zero and results in you being charged a fee.

How to manage your savings account

A savings account is primarily your nest egg. It is your way out of an emergency without collecting additional debt. It is also your backup plan when your current spending budget gets exhausted.

Your savings account is designed to build money overtime for your long-term goals. As you leave this money untouched, it allows you to earn interest on the balance. This account will often have a minimum balance requirement with the maximum limit on the number of withdrawal transactions every month without incurring a fee.

To keep your funds growing in this account, automate monthly payments from your checking account.

Cutting frivolous spending habits is at the core of improving your financial life. When you step into this area with a minimalist mindset, you won't find it too hard to do this and should be able to get over your financial woes within a reasonable time period.

MINIMALISM: LIFE

Something that's much worse than having a cluttered home or workspace is a cluttered mind. A mind that is cluttered is restless and unfocused. It tries to move in several directions all at the same time with very little getting done.

Mental clutter can collect when you worry about the future, ruminate about the past, get stuck in bad relationships, or keep a mental to-do list to name a few. To minimize clutter in your life, let's look at three important areas including your relationships, your ideas and thoughts, and your activities.

Relationships

When you're looking to cut out the excess from your

life, why not also consider leaving behind excess baggage in your relationships?

Just like extra stuff, having too many relationships, and non-meaningful relationships specifically, can weigh you down. There are often negative and toxic influences in relationships that don't add value to your life. For instance, people can be ruthless, judgmental, and disrespectful, forcing you to think little of yourself. Or they can be supportive, accept you for who you are, and are fun to hang around with.

It's not hard to see where you should start separating the wheat from the chaff. Staying true to minimalist practices, surround yourself with people that make you happy and have a positive impact on your life and stay away from others that affect you negatively.

However, having said that, it's not the same as weeding out unwanted or unused things. You can't just get rid of people as easily as your other belongings. But, it's still important to declutter your emotional baggage to keep your life clutter free.

First, let me walk you through your professional or student life. Here, you are bound to meet people who will have a negative emotional impact on you and drain your energy. That's unavoidable.

It could be a colleague, a superior, a teacher or someone else at school. These are people who are in the same setting or environment where you have to be as well. They are the ones you can't avoid being around with, so why not change your viewpoint.

While this individual may annoy you, they must possess some redeeming quality that you can focus on instead. For instance, maybe this person is a hard worker, or maybe they did something for you without being asked? If you find such a quality, focus on that instead and it may make being around that person a little more bearable.

Next come your personal relationships. Now, this is an area where you can actually apply minimalism to your relationships. Personal relationships including friends, romantic partners, and even family members to some extent, work like a two-way street.

Say, if one person makes the effort, the other needs to reciprocate. If one person is respectful of the other's boundaries, the other needs to be as respectful. Or, if one person is trying different ways to better themselves, but the other stays put then maybe you should question why that person is still in your life. If a friend, partner, or spouse doesn't have a positive impact on you and is dragging you down instead, then they prevent you from growing as a person.

To get rid of your emotional clutter, it becomes important to distance yourself from such people.

Another modern-day dilemma in relationships is one's presence on social media. Many people fall under the trap of believing that the more friends they have, the more likable they are, the more popular they are, and the more people want to associate with them. This is an absolute "more is more" attitude and has no place in a minimalist lifestyle.

That is not to say that you should 'unfriend' everyone you have on social media, but it does ask you to look into what these friendships mean. Are these people you know in real life or just online? Do they share any common interests or goals with you? Can they, in your time of need, support you, inspire you, and be there for you when you need them? Or are you simply trying to overcompensate for something?

The trend here seems to be to surround yourself with a lot of acquaintances instead of focusing on stronger, longer-lasting relationships with a few close friends. If you think about it carefully, you'll find that many of these friendships are merely superficial, and the people are hardly someone you know.

Since quality always trumps quantity in every aspect of minimalism, keeping fewer people in your life enables you to become more mindful regarding your choices. As such, focusing your energy and time on those closest to you, will aid you in prioritizing these relationships and realizing their true importance in your life.

Some simple ways to see if a particular someone is truly worth your time is by answering these few questions:

- Does this person drain you emotionally?
- Do you avoid this person's phone call or struggle to reply to their texts?
- Do you spend an unnecessary amount of effort to please someone who doesn't fulfill you?
- Do you find that you blow plans off with this person all the time?
- Do you struggle to enjoy your time together?

If you find nodding your head in agreement to any of these, then now may be the time to cut these people loose and pay attention to others who support you and drive you forward.

Allow your relationships to come naturally. Let those people near you who propel you towards your goals, inspire you to grow, and bring you joy. It's important to build connections that count and invest in nourishing relationships that matter.

Organize your thoughts

Clutter fills your mind with needless stimuli making the brain work overtime. But you don't have to keep all this excessive information stored in your brain.

Instead, you can select a tool such as one of the many online scheduling tools, an app, or even a piece of paper and use it as a device to store everything you should remember.

In other words, keep a journal. A journal allows you to record your various thoughts and ideas with more detail. When doing so, it calms the internal chatter that constantly interrupts your thoughts as you try to get the important stuff done.

When you have too much information coming in, it

can seriously clog your brain. This can include information you take in each day by reading newspapers, blogs, magazines, watching TV, social media participation, web surfing and the like.

It's important to minimize the amount of information that comes into your life and create some headspace in your brain. When thoughts and ideas pour in, some of these will require you to make decisions.

When you are decisive quickly, you can check off the ideas quickly. But when you put off making decisions the thoughts and ideas will start to overflow leading to one big mess.

If you have a to-do list, accept that you can't do it all. Choose to focus on things which are most important and shortlist your priorities. Just ensure that the bulk of your brain space is devoted to the things on that list.

Trying to keep mental tabs alone on everything that's going on will get your thoughts completely jumbled. Instead, penning them down can help prioritize what's more important and lower your stress levels.

As mentioned earlier, use a pen and paper, a digital tool, or a journal to write down whatever is important. A simple example would be to note important dates and reminders on the calendar or notebook. Another would be to jot down any thoughts nagging you in a personal diary.

In fact, look for any way that will take the ideas out of your head and transfer them onto something you can look at physically. If you set aside a few minutes daily to empty and organize your brain, you can drastically improve your ability to focus, complete tasks, and achieve your goals.

Ideally you should do this twice a day. Once in the morning before starting your day and then once at night before getting ready for bed. Anything that is nagging you and preventing you from focusing or anything that's not letting you sleep well should go into this notetaking. This includes everything from thoughts and concerns to questions and ideas.

Just note these down without worrying about sorting them. That comes later. Simply getting your ideas out of your head so they can stop spinning around will help you get some kind of perspective.

Some of the instant benefits you can enjoy by keeping notes or writing your ideas down in whatever format serves you best include the following:

Stress reduction tops the list as even scientific studies show huge improvements among people who keep a journal in regard to stress. The stress busting benefits of journaling list a more optimistic attitude and approach, greater energy and enthusiasm, and reduced depression and anxiety.

Problem solving comes at a close second as writing down your ideas and thoughts can be difficult to analyze when they are inside your head. Whether it's a personal battle, a technical concern, or a disagreement with a loved one, journaling it can let you view your problem from a different angle and figure it out with a more proactive viewpoint.

Setting and reaching goals become easier when ideas are penned down. When you have your short term versus long term goals written down, you can track the progress you're making. One thing people like to do is to write down their daily, weekly, and monthly targets and assess them accordingly.

Another perk you can hope to enjoy by writing down your ideas is **sparking your creativity**. Studies show that people who journal regularly are better able to think outside the box.

And finally, journaling helps **articulate your**

thoughts. This means improving communication whether it's a talk with a friend, your boss, or even yourself.

The point of this entire exercise, once again, is to prioritize. Prioritizing your ideas lets you tackle the timely ones first.

Organize your day

Everyone gets twenty-four hours in a day and nothing more. But if you feel that the hours in your day are not enough to get everything done, then you need to declutter the way your day works.

In other words, you need to have a better plan for how you execute your daily activities so that the important stuff gets done first and then you can work on the other things.

But before you get down to organizing your day, first take a quick look at things and patterns that may be eating up the hours in your day for no reason. For instance, do you surf and browse the internet as soon as you come home every day? Was the initial plan to spend this time relaxing or did you idle it away doing nothing in particular?

Or, maybe you're a perfectionist and can't function

until everything is in its right place. Unfortunately, perfectionism can paralyze you and stop you from doing what is most important first.

Once you've pinpointed how you spend your time, you can now figure out how you can make the most of it. To maximize your day, you need to set time aside for the important tasks first and dedicate all your attention to finishing them completely.

Start with a to-do list

It's great to have a daily list, but perhaps what's even better is to have a weekly list. If you identify the priority tasks you will tackle during the week, it will make your daily list easier to prepare.

Say, you have a deadline to meet by Friday, but you also have obligations on Wednesday and Thursday. Leaving the task till Friday won't give you enough time to complete it thoroughly. Instead of delaying it till the last minute why not tackle it on Monday or Tuesday.

Having a week's plan ready can help you breakdown larger tasks into smaller ones and plan out better when you can make time to work on them.

Every night cross out what you've completed off

your to-do list. This will give you an idea to visually see what you have actually accomplished. Set reasonable goals for the next day and see if any two things on the list can be done simultaneously.

Use scheduling software

You can even go digital for your scheduling. Some people find that going digital keeps them better organized as it saves space on their desk and is a greener option. Just like the pen and paper To Do list, digital scheduling also allows you to keep a calendar which you can view by day, week, or month. It can also give you reminders for when to do what.

As an added convenience, most scheduling software will integrate with your email as well. Instead of having a giant address book or card collection, you can keep track all of your contacts, phone numbers, and email addresses in one place.

Have a set spot for your morning accessories

Knowing where exactly to find your keys, cell phone, the kids' school bags, and accessories that you carry day in, and day out will help you start your day smoothly. Have a designated spot for these accessories so that you don't have to run around looking for them as you head out to work or pack the kids for school.

Plan meals in advance

There's no getting away from cooking and meal planning, it can often leave you scratching your head. If you set some time aside on the weekend to plan your meals for the upcoming week, you can do your grocery shopping accordingly and have everything in stock as you cruise through the weekdays.

Not having a meal planned in advance increases the chance of dining out which can result in you sending extra money and exceeding your calorie intake as well. Even just stopping to pick up last-minute dinner essentials can lead to poor choices. Set aside a time every week to plan your meals.

Schedule some 'me' time

It's true that you devote the bulk of your time to other things such as work, school, home, family, friends, and such. Most of this time consists of the work week but what about the weekend?

When you prioritize your week, it helps to account for weekends or days off. Remember to schedule some 'me' time or some time to just take it easy.

Spending time with yourself alone helps clear your head when you remove yourself from everything for a while. If anything, it helps you appreciate your own company and learn to be less dependent on others.

Being by yourself cancels out other distractions and gives your mind the chance it needs to wander occasionally. Use this time to spoil yourself with a good book, enjoy an indulgent snack, watch your favorite film, or whatever lets you rest your mind.

Follow these everyday basics to get the most productivity and creativity out of your day.

9

THE TRUE MEANING OF LIFE

Coming full circle, most people would agree that decluttering is at the core of minimalism. Decluttering starts with clearing out material possessions, physical clutter, mental clutter, emotional clutter and such. But this is not where the process ends.

In fact, minimalism starts once you have successfully decluttered your life of anything excess and are now ready to enjoy the benefits of minimalism. It is what lies on the other side of decluttering that lets you appreciate and enjoy the true meaning of life.

By letting go of excess in different ways, you come to a point where everything you own and everything you do holds some significance and is important.

The benefits that these meaningful things and actions bring into your life are significant.

Let's divide these benefits of minimalism into a few different categories for a quick round-up.

Health benefits

Your health may not be the first thing that comes to mind when you think of minimalism, but it's true. Minimalism brings forth a number of benefits both for your physical as well as mental and emotional health.

One way to tie in minimalism with improved health is to look at how much time it frees up in a busy schedule. For instance, when you have less clutter to deal with you spend less time cleaning your house. You have more time to concentrate on other aspects of your being such as your health.

You can now focus on improving your diet, adding in a workout routine to your daily schedule, and sleeping better. When you start taking care of the way you eat, sleep, and workout, it translates into improved physical health.

On another level, minimalism offers mental benefits as well. For instance, by decluttering your living and office space you do the same for your mind. Minimalist environments are designed to be peaceful which prevents overstimulation.

Overstimulation prevents a person from thinking clearly because there is too much sensory information going on. Plus, an abundance of stimuli cluttering up your home or office space means that there are plenty of visual cues to keep your mind occupied.

In other words, clutter competes for your brain's resources. Anything that is in your visual field is constantly being interpreted or perceived. This means that everything that you can see serves as a potential distraction from focus. If you have tiny knickknacks lying around on your desk, this distraction potential becomes amplified.

Distractions lead to procrastination and procrastination means that important things don't get done on time. When things don't get done on time, your stress levels build up. You know that a project or an assignment is due at a given time but if you're unable to complete it as such, it's going to cause some anxiety and tension.

You can prevent all this and much more by following

minimalist practices and getting some peace and clarity in your life.

More space to unwind

You have only so much space for holding physical and mental clutter in. As it nears its capacity, it becomes increasingly hard to make room for new stuff and confusion ensues.

In cases of both physical and mental clutter, you start developing a feeling of stagnation that you're not growing or developing as you would like to. You may feel persistently uneasy with certain aspects of your life that don't seem to conform with who you are or wish to be. Or, you may start to feel mentally or physically tired for reasons unknown and it may take a lot more energy for you to perform everyday tasks.

All these are telltale signs of overload and overwhelm. Take the example of a computer that starts running slow when its memory becomes full. The same happens to you when you have too many demands you have to meet which drag you down.

When you bring minimalism into your life, you can pinpoint these problem areas so you can make more space. Factors like unhealthy relationships, outdated ideologies, and collecting possessions no one needs are all instances of clutter that stop you from embodying your true self.

You can create space by clearing clutter regularly and evaluating the things in your life and getting rid of those that suit you no longer.

Better finances

If you know where your money is going, good for you. But, if you're like most people, you have no idea how you spend your money which leaves you at a loss. Minimalism helps you gain back that control and manage your finances better.

The concept is about simplifying your life and incorporates minimizing your physical possessions along with reducing the time and money you spend on stuff you don't need.

Just think about all the things you own. Look at how useless subscriptions, unused gym memberships, and expensive phone plans add to your bank statement. Thinking about how much money and time you spend on things like these can help put everything into perspective.

Minimalism teaches you to tune down your

expenses by keeping things to the basics, creating a budget and sticking to it, and questioning everything that you purchase. If you are in debt, prioritize getting out of that first.

For anyone who realizes it, most of their financial woes are not based in need, but in cultural expectations. But if you learn to live within your means, your life becomes calm instead of chaotic.

Minimalism is all about making smart financial decisions to gain financial freedom.

Environmental benefits

Everything from packaged foods and goods to how you travel, what you wear, and how you live leaves a carbon footprint.

Food packaging comes with wrappers, containers, jars, boxes, and bottles while other items have tags, plastic bags, and packing material to accompany your purchase. Collectively, all these factors make an impact even though they may seem small individually.

Transportation is another area where you can help the environment. Too many people depend on using their car to get to places which are not that far from home. Think of your local grocery store, your school or even your church. Every community has one, so chances are that yours is reachable by walking.

Considering a more environmentally friendly option like biking is another way to go for minimalists. Plus, biking and walking are both healthier alternatives with no emissions.

Moving on to what you wear, it's mindboggling to find out that people now buy 400% more clothes than they did just two decades ago. That comes to about 80 billion new clothing items every year. The pace at which clothes are bought and discarded is shocking. On average, one American generates around 82 lbs. of textile waste yearly which amounts to more than 11,000,000 tons of textile waste from America alone. And the blame lies on the demand for fast fashion.

The textile industry pollutes the environment, uses up resources, and consumes all throughout the supply chain from farm to closet. This disposable clothing phenomenon uses up a lot of cotton which represents the bulk of the total fiber used for manufacturing clothing today. Much of that cotton comes genetically modified and uses huge quantities of water and chemicals. World cotton production also produces 18% of pesticide use worldwide and 25% of total insecticide use.

Another top offender in the clothing industry is leather. Leather production is known well to link to various human health and environmental hazards including the amount of water, land, feed, and fossil fuels involved in raising livestock for leather production. All this comes at an alarming cost to the health of our world.

Along with raising livestock, leather tanning processes are amongst the most toxic in the fashion industry. Workers often get exposed to dangerous chemicals while working and the waste created contaminates water sources. This presents the hazard of increased diseases for the affected areas.

The only real way to reverse this is to buy less clothes. With a minimalist wardrobe you can pare down your clothing items from dozens of things to a few durable items.

And finally, how you live has an environmental impact too. Take the tiny home trend, for instance. Following this trend, people look for small living spaces and accommodation. Some surprising but practical solutions include living in container homes, micro apartments, tiny homes and even tree houses. Just take a look at where Foster Huntington lives!

The perks of living in a small home pretty much eliminates a mortgage and saves a lot of money both over the short and long term. Smaller homes need less material, and the challenge is to make sure that every single spot in the house has a purpose since space is limited. It's also an excellent eco-friendly option since tiny homes don't disrupt the balance of nature as much.

Then there is the environmental impact to consider. The largest impact of any home is from its energy consumption and with a tiny home this is reduced to a fraction of a normal, average-sized house. Smaller homes also have fewer fixtures, appliances, and other electronics that won't need as much repair or replacement down the road. This cuts down the cost of repair and, in turn, waste when living in a small house. Plus, the space limitation makes it nearly impossible to give in to overconsumption.

So, it's not hard to see how minimalism can help the environment in so many different ways.

Raises your standard of living

How can downsizing raise your standard of living? Actually, it can and does. When you make up your mind to buy less, you will try to buy better. This means better quality. This also means buying more consciously, no matter what the sector.

With this mindset, quality takes precedence over quantity. It doesn't necessarily mean that you spend less but it does mean that you buy mindfully. You may opt for buying a few quality, authentic, and original products than settle for several others which are less valuable.

This approach also lets you look for genuineness, uniqueness and non-mass production that has meaning and value. Also, less stuff equates less stress.

When you think of it this way, that things are nice to have when they provide a source of joy or happiness, minimalism starts to make more sense. The others are basically a waste of your hard-earned money, and demand that you have more space to store them.

To recap, here's how to buy less of the stuff you don't need:

Don't shop for sport. When you have a particular purchase in mind, head to the store with a list or a plan. Stay away from bargain shopping or purchasing thrift finds.

Wait before you buy. Experts advise waiting 24 hours before getting just about anything. Many of the things that appear so attractive right away start to look rather different the next day. Plus, the additional time given overnight helps generate another perspective. Oftentimes, once the instant interest wears off, the prospective purchase doesn't seem that appealing anymore.

Buy to replace and not add. Some people set a policy where they only purchase something new if they are ready to donate or discard a similar item. With this policy, the newer item needs to be better than what they had before. This practice also prevents clutter from accumulating at home.

Assess utility. Be honest about how your new purchase will fit into your life; your real life and not your aspirational one. For instance, don't buy a clothing item that's smaller than your actual size and hope that it'll fit you once you lose the weight. Buy something that fits and wear it regularly.

Downsize mindfully. You don't always have to buy new to find quality. Even decluttering your current possessions will leave you with the best of what you have. When you pare down your closet, say from a hundred items to a mere fifty, chances are that the fifty you saved are items that you love and feel good in. This automatically raises the quality metrics of your wardrobe.

Follow these principles and you will never end up with anything crappy or useless. And the fewer things you own, the more money and space you have for higher quality stuff.

Do some good

And while you're at it, let me tell you that you following a minimalistic lifestyle can help others too. Yes, I know that we've already talked about reducing the environmental burden, but there's more than just that.

When you give away or donate stuff that you no longer need, you are actually helping others who have a real need for your unwanted stuff. Your extra clothes, shoes, accessories can all go into hands that may actually need them.

When you practice minimalism, you may inspire others to do the same, you never know. If you do, you'll be helping someone else make their life easier too. Let them get rid of their excess baggage as well and make living simpler and more meaningful in turn.

And finally, you can become a role model for your kids. Teach them to make their lives more intentional and less full of clutter as well. Instilling minimalistic practices by example is a great way to teach kids to become less dependent on material things for happiness and contention.

The act of donating makes kids compassionate and generous. Learning to give on a regular basis is a character-building exercise on its own. It prevents a sense of entitlement, improves life satisfaction, and comes with the realization that every little bit can help.

AFTERWORD

So now that you know that minimalism is not about cleaning or living with as little as possible, how do you feel? Of course, the decluttering component does get you started, but at the end of the day when you take a peek in your wardrobe, living room, garage or kitchen, a minimalist home and lifestyle gives you so much freedom.

Freedom in the way you spend your time, freedom in the way you manage your finances, and freedom in the way you live your life.

And this freedom becomes possible only when you learn to prioritize. Whether it is clutter you want to eliminate from your home or your office or spend your money as you would like on fewer belongings and more traveling, becoming minimalist gives you that freedom.

And as you have discovered, minimalism, for many will typically start out with cleaning out your junk drawer, and the associated benefit may be as simple as looking for something you need at the right time. But as you start to enjoy this benefit, you look for other ways to simplify your life.

So, what starts out as an external journey soon becomes a personal one. Now you want more peace of mind as you walk around your home with fewer things to distract you. Now you want to keep a less hectic calendar with more time devoted to activities you enjoy. Now you look for ways to spend less and only on things that bring value to your life.

To sum up, now everything in life becomes more intentional, mindful and meaningful. And then minimalism becomes all about who you are instead of what you have.

So, the essential takeaway is to start small, keep it small but thorough, and give it time.

And just as I have recapped what minimalism is all about, let me quickly go over what it's not about as well before we conclude this book.

Yes, it's all about intention, meaning and value but that does not mean you get rid of everything you own. instead of keeping track of what you're eliminating from your life, keep track of what minimalism adds to your life- it adds more space, more time, more peace and more freedom.

Minimalism is not being frugal in isolation. While frugality is all about spending carefully and looking for opportunities to save money, minimalism goes beyond possessing less only for the purpose of saving money. Instead, it becomes about living with less to have more time and space.

And finally, minimalism is only a tool and not the end goal. It is a tool that helps you create the life you want and give yourself the freedom to live that life.

Just remember that minimalism has no one definition. It means something different to everyone who implements it with some following a literal interpretation meaning they only live with what they need to survive. But others may have a more relaxed definition letting them keep limited furniture but a stack full of photo albums. Or, it may mean having enough plates in the kitchen for six people but also having a bookshelf full of books. As long as what you own holds value to you and serves a purpose in your life, it is considered minimalism.

The great thing about minimalism is that you can create your own set of rules and those rules can change as your life changes. And that is exactly what I hope this book has helped you achieve.

I hope that by following these very simple yet practical guidelines to minimalism you have been able to carve a path to suit your lifestyle needs towards minimalism. Of course, feel free to tweak these as you see fit to live as intentional and mindful a life as you can.

Your journey may be smoother sailing than others or be filled with just as many hiccups as anyone else's but let me promise you that you will get there in the end. As long as your mindset shift to minimalism is with you, you will eventually be able to get rid of all the excess baggage in your life.

From there on, your life will be in your hands and you can steer it any way you like.

REFERENCES

1. 12 Simple Bedroom Organisation Tips. (2019, October 27). Retrieved November 11, 2019, from http://minimisewithme.com/12-simple-bedroom-organisation-tips/
2. 25 ways to save water. (n.d.). Retrieved November 11, 2019, from https://www.volusia.org/services/growth-and-resource-management/environmental-management/natural-resources/water-conservation/25-ways-to-save-water.stml
3. Amanda, A. (2018a, October 8). How To Start Living A Minimalist Lifestyle | The Tiny Life. Retrieved November 11, 2019, from https://thetinylife.com/how-to-start-living-a-minimalist-lifestyle/

4. Avis-Riordan, K. (2018, March 24). The Big Declutter Challenge: How to achieve a super-clean, organised and clutter-free bedroom. Retrieved November 11, 2019, from https://www.housebeautiful.com/uk/lifestyle/storage/a19562364/how-to-declutter-bedroom-storage-ideas/
5. Bacon, N. (2019, September 14). The Minimalist Budget: A Simplified Money System That Actually Works. Retrieved November 11, 2019, from https://nataliebacon.com/minimalist-budget/
6. Becker, J. (2019a, January 23). 6 Important Steps To A Minimized, More Productive Workspace. Retrieved November 11, 2019, from https://www.forbes.com/sites/joshuabecker/2019/01/23/six-important-steps-to-a-minimized-more-productive-workspace/#7350bd314897
7. Becker, J. (2019b, October 23). How to Declutter Your Home: 10 Creative Decluttering Tips. Retrieved November 11, 2019, from https://www.becomingminimalist.com/creative-ways-to-declutter/
8. Harrell, M. (2018, February 8). How To

Organize Your Desk: Tactics To Declutter Your Workspace. Retrieved November 11, 2019, from https://www.workzone.com/blog/how-to-organize-your-desk/

9. How to Incorporate a Laundry Area into a Tiny Bathroom. (2018, October 1). Retrieved November 11, 2019, from https://www.realliving.com.ph/home-improvement/building-renovating/how-to-incorporate-a-laundry-area-into-a-tiny-bathroom-a00010-20181001

10. Marek, M. (2018, April 22). Packing Like A Pro And Traveling Light—My Ultimate Guide. Retrieved November 11, 2019, from https://www.indietraveller.co/how-to-pack-light/

11. Millburn, J. F., & Nicodemus, R. (2019a, August 21). Minimalist Finances and... Retrieved November 11, 2019, from https://www.theminimalists.com/finances/

12. Millburn, J. F., & Nicodemus, R. (2019b, November 10). A Minimalist's Thoughts on Meaningful... Retrieved November 11, 2019, from https://www.theminimalists.com/values/

13. Neziroglu, F. (n.d.). Hoarding: The Basics

Anxiety and Depression Association of America, ADAA. Retrieved November 11, 2019, from https://adaa.org/understanding-anxiety/obsessive-compulsive-disorder-ocd/hoarding-basics

14. Rosales, D. (2016, June 5). Are You Ready For Minimalism? 5 Ways To Tell. Retrieved November 11, 2019, from https://simplicityrelished.com/ready-for-minimalism/

15. Santos, A. (2019, February 24). How Minimalist Principles Can Help You In Your Relationship. Retrieved November 11, 2019, from https://thriveglobal.com/stories/how-minimalist-principles-can-help-you-in-your-relationship/

16. Scott, P. S. (2014, February 27). Clutter vs. Hoarding: What's the Difference? Retrieved November 11, 2019, from https://www.webmd.com/balance/features/clutter-hoarding#1

17. Tsui, D. (2017, October 3). How to organize your handbag or purse. Retrieved November 11, 2019, from https://www.thecut.com/article/how-to-organize-your-handbag-or-purse.html

18. Wilkins, M. C. (2019, September 24). The Minimalism Checklist. Retrieved November 11, 2019, from https://nosidebar.com/minimalism-checklist/
19. Williford, T. (2017, October 11). These are the six types of minimalists. Which one are you? Retrieved November 11, 2019, from https://www.apartmenttherapy.com/these-are-the-6-types-of-minimalists-which-one-are-you-250532
20. Yilmaz, A. (2019, February 25). Philosophy of Minimalism. Retrieved November 11, 2019, from http://thecircular.org/philosophy-of-minimalism/

www.ingramcontent.com/pod-product-compliance
Lightning Source LLC
Chambersburg PA
CBHW071850070526
44583CB00016B/1619